MANUEL DU

BANQUIER,

CONTENANT

LES TABLES OU COMPTES FAITS,

POUR LES CHANGES DES PRINCIPALES PLACES DE L'EUROPE,
L'EXPOSÉ ET LE DÉVELOPPEMENT DES DIVERSES OPÉRATIONS QUI S'Y RATTACHENT

AVEC

UNE NOUVELLE MÉTHODE POUR CALCULER LES INTÉRÊT
D'UNE MANIÈRE PROMPTE ET FACILE ;

OUVRAGE UTILE

à MM. les NÉGOCIANTS, à leurs COMMIS et aux PERSONNES qui dirigent l'INSTRUCTION
PUBLIQUE ;

PAR P. ICHON,

Employé chez Mr F. SAMAZEUILH, Banquier à Bordeaux.

Prix : 5 Fr.

Bordeaux

CHEZ L'AUTEUR, RUE BOUFFARD, N.º 29

PARIS,

DANS LES VILLES DE FRANCE ET DE BELGIQUE,
CHEZ LES PRINCIPAUX LIBRAIRES.

1836.

Tout exemplaire non-revêtu de ma signature serait contrefait.

BORDEAUX, IMPRIMER DE SUWERINCK.

INTRODUCTION.

———⟡———

Dans les sciences exactes, et principalement dans celles qui ont des calculs pour base, une pratique attentive et constante a toujours été féconde en résultats supérieurs à tous ceux qu'aurait pu procurer une pure et abstraite théorie. Cette vérité est surtout hors de doute, en ce qui concerne spécialement les opérations de changes, ainsi que le calcul des intérêts qui s'y rattache usuellement.

Appelé depuis plus de dix années à m'occuper de ces matières, dans une maison de Banque de Bordeaux, également renommée par l'étendue de ses relations et la loyauté de ses actes, je fus naturellement porté à dresser des tables nécessaires à l'accomplissement de la tâche qui m'était confiée. Bientôt après, mon travail s'agrandit, prit de l'importance, et j'eus successivement à en coordonner les diverses parties.

Constater et fixer les signes ou abréviations adoptés dans le commerce, pour indiquer la monnaie de change de certaines places; simplifier le mode d'addition des nombres complexes, par rapport aux livres sterlings et aux marcs de banque; faire et régler les échéances communes par deux méthodes; calculer les matières d'or et d'argent dans les cas variés où l'on vend et achète au poids de marc ou au kilogramme, en déterminant d'ailleurs le rapport des nouveaux poids aux poids de marc; faire les calculs des inscriptions de rentes 5 et 3 pour cent, par deux méthodes pouvant servir de contr'opération ; enfin, retracer succinctement les règles élémentaires d'arithmétique touchant la division et les fractions, pour servir aux opérations des changes étrangers et aux calculs des intérêts : tels furent les éléments de l'ouvrage dont l'ensemble me parut offrir un traité complet de la matière. Après y avoir apporté toutes les améliorations dont il était susceptible, je présente cet ouvrage au public, et surtout aux négociants d'une place sur laquelle les opérations de changes sont multipliées. Je me flatte de l'espérance qu'il ne sera pas moins utile aux jeunes gens qui se destinent à suivre la carrière du commerce, à une époque où il n'est plus permis de s'y distinguer sans l'heureuse union de la probité et de la science. Puisse ce fruit de mes longues veilles, atteindre le but que je me suis proposé : l'utilité de tous, bien plus que mon intérêt personnel, a excité mon émulation. Les suffrages des hommes éclairés seront la plus flatteuse récompense de mes efforts.

INSTRUCTION

DES TABLES OU COMPTES FAITS

DES CHANGES DES PRINCIPALES PLACES DE L'EUROPE.

———————

LES Tables ou comptes faits pour Londres, Hambourg, avec Paris et Bordeaux, Amsterdam et l'Espagne, ont été faits d'après le système décimal, qui est destiné, par sa nature, à devenir, dans le monde entier, la règle fondamentale de toutes les opérations de calculs scientifiques et commerciaux. Ces Tables sont toutes semblables, quant à l'ordre des colonnes ; par conséquent, en démontrant, sur celles d'Amsterdam, la manière de s'en servir, on pourra faire de même pour les changes des autres places.

Je ferai remarquer que tous les soins nécessaires ont été pris pour rendre ces Tables exemptes de fautes, et dignes de la confiance de ceux qui les prendront pour guides de leurs opérations.

CHANGE D'AMSTERDAM.

RÉDUCTION DES FLORINS EN FRANCS ET RÉCIPROQUEMENT.

NOMBRE des Florins.	PRIX du Change.	VALEUR en		
		Fs.	C.	FRACT. décimales.
1	57 den 15/16	2.07.11974		
2	. . . . . .	4.14.23948		
3	. . . . . .	6 21.35922		
4	. . . . . .	8.28.47896		
5	. . . . . .	10.35.59870		
6	. . . . . .	12.42.71844		
7	. . . . .	14.49 83818		
8	. . . . . .	16.56.95792		
9	. . . . . .	18.64 07766		
10	. . . . . .	20.71.19741		

Les fractions décimales qui suivent les francs et centimes, répondent aux zéros que l'on ajouterait aux florins, pour les élever à 10, 100 et 1,000 fois de leur valeur, ou autrement dit, autant de zéros on joindra aux florins, autant on prendra de chiffres dans la colonne des décimales, parce que le même nombre des décimales seront des francs et centimes.

Il est évident, d'après le tableau ci-dessus, que 1 florin vaut 2ᶠ 7ᶜ ; 10 florins valent 20ᶠ 71ᶜ; 100 flor. 207ᶠ 11ᶜ; 1,000 flor. 2071ᶠ 19ᶜ; 16,000 flor.

20,711^f 97^c; et 100,000 flor. 207,119^f 74^c. En prenant ainsi une décimale pour chaque zéro mentalement ajouté, ce tableau se trouve calculé jusqu'à plus de deux cent millions. En un mot, il ne suffit, pour réduire une somme, que de porter un peu d'attention aux progressions décimales ; par exemple, si on voulait connaître le produit de 3,000 flor., d'après la table d'autre part, 3 flor. valent 6^f 21^c ; en prenant les trois chiffres suivants (3. 5. 9.), dans la colonne des décimales, on aura 6,213^f 59^c, qui est l'exacte valeur : le tout est de savoir déplacer convenablement le point décimal.

S'il se trouvait après une somme des cents (centièmes de florins), il faudrait les doubler pour les réduire en francs, et y ajouter quelques centimes, suivant le nombre, parce que 100 centièmes, au cours ci-dessus, valent 2^f 7^c. Si on avait donc 60 centièmes, qui font 1^f 20^c, il faudrait y joindre 4 centimes de plus, ce qui ferait 1^f 24^c. Si le florin ressortait à 2^f, alors les 60 centièmes vaudraient juste 1^f 20^c.

Il y a encore quelques personnes qui tirent sur lAmsterdam d'après l'ancien système, en *florins* et *stuivers ;* on devra alors multiplier simplement les stuivers par 5, pour avoir des centièmes de florins. *Exemple :* 17 stuivers valent 85 centièmes ; 20 stuivers multipliés par 5, donnent 100 centièmes, qui font 1 flor. Ce n'est que depuis quelques années qu'en Hollande on a adopté pour Amsterdam le système décimal ; il a été facile de le suivre, parce que 1 flor. valait 20 stuivers, et le stuiver 16 deniers, comme cela était autrefois en France pour les livres tournois.

Si on avait à réduire 560 flor. en francs, il faudrait prendre

pour 500 flor..............	1,035^f	59^c
id. 60 »...............	124	27
Total.............	1,159^f	86^c

Par contre, si on avait à réduire 1,159^f 86^c en florins, on prendrait

pour 1,035^f 59^c...................................	500 flor.
id. 124 27	60
Total....................	560 flor.

Si la somme à réduire était ronde, je suppose de 1,000 flor., le calcul se trouverait sur la même ligne, mais si elle était de 1,565 flor., l'opération serait, à la vérité, un peu plus longue, mais elle ne serait pas plus embarrassante, car il ne s'agirait que de prendre successivement, pour 1000, 500, 60, 5, et d'additionner les produits,

Réduction des Livres Sterlings en Francs, depuis le change de 24 fr 90 c., pour 1 liv. sterling jusqu'à 26 fr 10 c.

Nombre des livres sterlings et schellings	PRIX du Change.	VALEUR en (Fr. C Fract. décimal.)	Nombre des livres sterlings et schellings	PRIX du Change	VALEUR en (Fr C Fract. décimal.)	Nombre des livres sterlings et schellings	PRIX du Change	VALEUR en (Fr C Fract. décimal.)
1	24.90	24.90.60000	1	24 95	24.95.00000	1	25	25.00.00000
2	//	49.80.00000	2	//	49.90.00000	2	//	50.00.00000
3	//	74.70.00000	3	//	74.85.00000	3	//	75 00.00000
4	//	99.60 00000	4	//	99 80.00000	4	//	100.00.00000
5	//	124.50 00000	5	//	124.75 00000	5	//	125.00.00000
6	//	149.40 00000	6	//	149 70.00000	6	//	150.00.00000
7	//	174 30 00000	7	//	174 65.00000	7	//	175.00.00000
8	//	199.20.00000	8	//	199.60.00000	8	//	200.00.00000
9	//	224.10.00000	9	//	224.55 00000	9	//	225.00 00000
10	//	249.00.00000	10	//	249.50 00000	10	//	250 00.00000
1	Schelling.	1.24	1	Schelling.	1 24	1	Schelling.	1.25
2	//	2.49	2	//	2.49	2	//	2.50
3	//	3.73	3	//	3.73	3	//	3.75
4	//	4.98	4	//	4.98	4	//	5.00
5	//	6.22	5	//	6.24	5	//	6.25
6	//	7.48	6	//	7.49	6	//	7.50
7	//	8.72	7	//	8.74	7	//	8 75
8	//	9.97	8	//	9 99	8	//	10. //
9	//	11.21	9	//	11.22	9	//	11 25
10	//	12 45	10	//	12.47	10	//	12.50
11	//	13.69	11	//	13.72	11	//	13 75
12	//	14.94	12	//	14.97	12	//	15.00
13	//	16.18	13	//	16 21	13	//	16 25
14	//	17.43	14	//	17.46	14	//	17.50
15	//	18.67	15	//	18.69	15	//	18.75
16	//	19.92	16	//	19 95	16	//	20. //
17	//	21.16	17	//	21.18	17	//	21.25
18	//	22.40	18	//	22.43	18	//	22.50
19	//	23.65	19	//	23.69	19	//	23.75
1	24 92 1/2	24.92.50000	1	24 97 1/2	24.97.50000	1	25 05	25.05.00000
2	//	49.85.00000	2	//	49.95.00000	2	//	50.10.00000
3	//	74 77.50000	3	//	74.92.50000	3	//	75.15 00000
4	//	99.70 00000	4	//	99 90.00000	4	//	100.20.00000
5	//	124.62 50000	5	//	124.87.50000	5	//	125.25.00000
6	//	149.55.00000	6	//	149 85.00000	6	//	150.30.00000
7	//	174.47.50000	7	//	174.82.50000	7	//	175.35.00000
8	//	199.40.00000	8	//	199 80.00000	8	//	200.40.00000
9	//	224.32.50000	9	//	224.77.50000	9	//	225.45.00000
10	//	249.25.00000	10	//	249.75.00000	10	//	250.50.00000
1	Schelling	1.24	1	Schelling.	1.24	1	Schelling.	1.25
2	//	2.49	2	//	2.49	2	//	2.50
3	//	3.73	3	//	3 75	3	//	3.76
4	//	4.98	4	//	4.99	4	//	5 01
5	//	6.22	5	//	6.24	5	//	6.26
6	//	7.48	6	//	7.49	6	//	7.51
7	//	8.73	7	//	8.74	7	//	8.77
8	//	9.98	8	//	9.99	8	//	10.02
9	//	11.22	9	//	11.23	9	//	11.27
10	//	12.46	10	//	12.48	10	//	12.52
11	//	13.70	11	//	13.73	11	//	13.78
12	//	14.95	12	//	14.98	12	//	15.03
13	//	16.19	13	//	16.23	13	//	16.28
14	//	17.45	14	//	17.47	14	//	17.54
15	//	18.68	15	//	18.72	15	//	18.79
16	//	19.93	16	//	19.97	16	//	20 04
17	//	21.17	17	//	21.22	17	//	21.29
18	//	22.42	18	//	22.47	18	//	22.55
19	//	23.67	19	//	23.72	19	//	23 80

Notes marginales :
- Section 1, bloc supérieur : le Denier vaut 10 c. 575/000 — bloc inférieur : le Denier vaut 10 c. 385/000
- Section 2, bloc supérieur : le Denier vaut 10 c. 593/000 — bloc inférieur : le Denier vaut 10 c. 406/000
- Section 3, bloc supérieur : le Denier vaut 10 c. 416/000 — bloc inférieur : le Denier vaut 10 c. 437/000

LONDRES.

Réduction des Livres Sterlings en Francs, depuis le change de 24 fr. 90 c , pour 1 liv sterling jusqu'à 26 fr 10 c

Nombre des livres sterlings et schel-lings.	PRIX du Change.	VALEUR en			Nombre des livres sterlings et schel-lings	PRIX du Change.	VALEUR en			Nombre des livres sterlings et schel-lings.	PRIX du Change	VALEUR en		
		Fr	C	Fract⁵. décimal.			Fr.	C.	Fract⁵. décimal.			Fr	C	Fract⁵. décimal
1	25.07 1/2	25.07	50000		1	25.12 1/2	25.12.	50000		1	25.17 1/2	25.17.	50000	
2	//	50.15.	00000		2	//	50.25	00000		2	//	50 35	00000	
3	//	75 22.	50000		3	//	75.37.	50000		3	//	75 52.	50000	
4	//	100.30.	00000		4	//	100.50.	00000		4	//	100 70.	00000	
5	//	125 37.	50000		5	//	125 62.	50000		5	//	125 87.	50000	
6	//	150.45	00000		6	//	150.75.	00000		6	//	151.05	00000	
7	//	175.52.	50000		7	//	175.87.	50000		7	//	176.22.	50000	
8	//	200.60.	00000		8	//	201.00.	00000		8	//	201.40.	00000	
9	//	225.67.	50000		9	//	226 12.	50000		9	//	226 57	50000	
10	//	250.75.	00000		10	//	251.25.	00000		10	//	251.75.	00000	
1	Schelling	1.25			1	Schelling	1 25			1	Schelling	1.25		
2	//	2.51			2	//	2.51			2	//	2.51		
3	//	3.76			3	//	3.77			3	//	3.77		
4	//	5.01			4	//	5.02			4	//	5.03		
5	//	6.26			5	//	6.27			5	//	6.29		
6	//	7.51			6	//	7.53			6	//	7.54		
7	//	8.77			7	//	8.79			7	//	8.80		
8	//	10.02			8	//	10.05			8	//	10.05		
9	//	11.27			9	//	11.30			9	//	11.32		
10	//	12.53			10	//	12.56			10	//	12.58		
11	//	13.79			11	//	13.81			11	//	13.83		
12	//	15.05			12	//	15.07			12	//	15.09		
13	//	16.30			13	//	16.33			13	//	16.35		
14	//	17.55			14	//	17.58			14	//	17.61		
15	//	18.80			15	//	18.85			15	//	18.87		
16	//	20 06			16	//	20.10			16	//	20.12		
17	//	21.32			17	//	21.35			17	//	21 38		
18	//	22.59			18	//	22.61			18	//	22 64		
19	//	23.82			19	//	23.87			19	//	23.92		
1	25.10	25.10.	00000		1	25.15	25.15.	00000		1	25.20	25.20.	00000	
2	//	50.20.	00000		2	//	50.30.	00000		2	//	50.40.	00000	
3	//	75.30.	00000		3	//	75.45	00000		3	//	75.60.	00000	
4	//	100.40.	00000		4	//	100 60.	00000		4	//	100 80.	00000	
5	//	125.50	00000		5	//	125.75	00000		5	//	126.00.	00000	
6	//	150 60	00000		6	//	150.90.	00000		6	//	151.20.	00000	
7	//	175.70.	00000		7	//	176.05.	00000		7	//	176.40.	00000	
8	//	200.80.	00000		8	//	201.20.	00000		8	//	201.60.	00000	
9	//	225 90	00000		9	//	226.35.	00000		9	//	226.80.	00000	
10	//	251.00.	00000		10	//	251.50.	00000		10	//	252.00.	00000	
1	Schelling	1.25			1	Schelling	1.25			1	Schelling.	1.26		
2	//	2.51			2	//	2.51			2	//	2.52		
3	//	3.76			3	//	3.77			3	//	3.78		
4	//	5.02			4	//	5.02			4	//	5.04		
5	//	6.27			5	//	6.28			5	//	6.30		
6	//	7.52			6	//	7.53			6	//	7.56		
7	//	8.78			7	//	8.79			7	//	8.82		
8	//	10.05			8	//	10.05			8	//	10.08		
9	//	11.29			9	//	11.31			9	//	11.34		
10	//	12 55			10	//	12.57			10	//	12.60		
11	//	13.79			11	//	13.82			11	//	13.86		
12	//	15.06			12	//	15.07			12	//	15.12		
13	//	16.31			13	//	16.33			13	//	16.38		
14	//	17.57			14	//	17.60			14	//	17.64		
15	//	18.82			15	//	18.86			15	//	18.90		
16	//	20.08			16	//	20.11			16	//	20.16		
17	//	21.34			17	//	21.37			17	//	21.42		
18	//	22.60			18	//	22.63			18	//	22.68		
19	//	23.85			19	//	23.90			19	//	23.94		

le Denier vaut 10 c. 447/000

le Denier vaut 10 c. 165/000

le Denier vaut 10 c. 459/000

le Denier vaut 10 c. 455/000

le Denier vaut 10 c. 475/000

le Denier vaut 10 c. 500/000

LONDRES.

Réduction des Livres Sterlings en Francs, depuis le change de 24 fr 90 c. pour 1 liv sterling, jusqu'à 26 fr 10 c

Nombre des livres sterlings et schellings	PRIX du Change.	VALEUR en — Fr. C. Fract. decimal.	Nombre des livres sterlings et schellings	PRIX du Change.	VALEUR en — Fr. C. Fract. decimal.	Nombre des livres sterlings et schellings	PRIX du Change.	VALEUR en — Fr. C. Fract. décimal
1	25.22 1/2	25 22.50000	1	25.27 1/2	25.27 50000	1	25 32 1/2	25.32 50000
2	//	50.45.00000	2	//	50.55.00000	2	//	50 65.00000
3	//	75.67.50000	3	//	75.82.50000	3	//	75.97.50000
4	//	100 90 00000	4	//	101.10.00000	4	//	101 30.00000
5	//	126 12.50000	5	//	126.37 50000	5	//	126 62.50000
6	//	151.35.00000	6	//	151 65.00000	6	//	151.95 00000
7	//	176.57.50000	7	//	176.92 50000	7	//	177 27.50000
8	//	201.80.00000	8	//	202.20 00000	8	//	202.60.00000
9	//	227 02.50000	9	//	227.47.50000	9	//	227.92.50000
10	//	252 25.00000	10	//	252.75.00000	10	//	253.25.00000
1	Schelling	1.26	1	Schelling.	1.26	1	Schelling.	1.26
2	//	2 52	2	//	2.52	2	//	2.53
3	//	3.78	3	//	3.79	3	//	3.80
4	//	5 02	4	//	5.05	4	//	5.06
5	//	6.29	5	//	6 32	5	//	6 33
6	//	7 55	6	//	7.58	6	//	7.60
7	//	8 83	7	//	8.84	7	//	8.87
8	//	10.09	8	//	10.10	8	//	10 13
9	//	11 34	9	//	11 36	9	//	11.40
10	//	12.61	10	//	12 63	10	//	12.66
11	//	13.86	11	//	13 88	11	//	13.92
12	//	15 13	12	//	15.14	12	//	15 19
13	//	16.40	13	//	16.42	13	//	16.46
14	//	17 66	14	//	17 68	14	//	17.72
15	//	18.92	15	//	18.95	15	//	19.00
16	//	20 18	16	//	20.21	16	//	20 26
17	//	21 45	17	//	21.47	17	//	21.53
18	//	22 70	18	//	22 74	18	//	22.80
19	//	23.97	19	//	24.01	19	//	24.07
(le Denier vaut 10 c. 510/000)			*(le Denier vaut 10 c. 551/000)*			*(le Denier vaut 10 c. 554/000)*		
1	25.25	25.25.00000	1	25.30	25.30.00000	1	25 35	25.35 00000
2	//	50.50.00000	2	//	50.60.00000	2	//	59.70.00000
3	//	75.75.00000	3	//	75 90.00000	3	//	76.05.00000
4	//	101.00.00000	4	//	101.20.00000	4	//	101 40.00000
5	//	126 25.00000	5	//	126.50.00000	5	//	126.75.00000
6	//	151 50.00000	6	//	151 80 00000	6	//	152 10.00000
7	//	176 75.00000	7	//	177.10.00000	7	//	177 45.00000
8	//	202 00.00000	8	//	202 40.00000	8	//	202.80.00000
9	//	227.25 00000	9	//	227.70.00000	9	//	228.15.00000
10	//	252 50 00000	10	//	253 00 00000	10	//	253.50.00000
1	Schelling	1.26	1	Schelling.	1.26	1	Schelling.	1.26
2	//	2 52	2	//	2.53	2	//	2.53
3	//	3.78	3	//	3.79	3	//	3 81
4	//	5 03	4	//	5 06	4	//	5 07
5	//	6 31	5	//	6 32	5	//	6.34
6	//	7 56	6	//	7.59	6	//	7.61
7	//	8 81	7	//	8.85	7	//	8 88
8	//	10 09	8	//	10 12	8	//	10.15
9	//	11.36	9	//	11.38	9	//	11.43
10	//	12 62	10	//	12.65	10	//	12 68
11	//	13.88	11	//	13 91	11	//	13 95
12	//	15.14	12	//	15 17	12	//	15 22
13	//	16 41	13	//	16 43	13	//	16.48
14	//	17.67	14	//	17.69	14	//	17 75
15	//	18.94	15	//	18 96	15	//	19 03
16	//	20 19	16	//	20 23	16	//	20.28
17	//	21.46	17	//	21 50	17	//	21.56
18	//	22 72	18	//	22.76	18	//	22 81
19	//	23 98	19	//	24 03	19	//	24 09
(le Denier vaut 10 c. 590/000)			*(le Denier vaut 10 c. 541/000)*			*(le Denier vaut 10 c. 561/000)*		

LONDRES.

Réduction des Livres Sterlings en Francs, depuis le change de 24 fr 90 c pour 1 liv sterling, jusqu'à 26 fr 10 c

Panel 1

Nombre des livres sterlings et schellings	PRIX du Change	VALEUR en — Fr C.	Fracts décimal
1	25 37 1/2	25 37	50000
2	"	50.75.00000	
3	"	76.12.50000	
4	"	101.50.00000	
5	"	126.87 50000	
6	"	152 25 00000	
7	"	177 62.50000	
8	"	203 00.00000	
9	"	228 37 50000	
10	"	253 75.00000	
1	Schelling	1 26	
2	"	2 53	
3	"	3.81	
4	"	5 08	
5	"	6 34	
6	"	7 61	
7	"	8 88	
8	"	10 15	
9	"	11.43	
10	"	12 68	
11	"	13.95	
12	"	15 22	
13	"	16 48	
14	"	17.75	
15	"	19.03	
16	"	20 28	
17	"	21.56	
18	"	22 84	
19	"	24.09	

le Denier vaut 10 c. 579/000.

Nombre	PRIX	Fr C.	Fracts
1	25.40	25.40	00000
2	"	50 80.00000	
3	"	76.20.00000	
4	"	101.60.00000	
5	"	127.00.00000	
6	"	152.40 00000	
7	"	177.80.00000	
8	"	203 20.00000	
9	"	228.60 00000	
10	"	254 00.00000	
1	Schelling	1.27	
2	"	2.54	
3	"	3.81	
4	"	5.08	
5	"	6 35	
6	"	7 62	
7	"	8.89	
8	"	10.16	
9	"	11.43	
10	"	12.70	
11	"	13.97	
12	"	15 24	
13	"	16.51	
14	"	17.78	
15	"	19.05	
16	"	20.32	
17	"	21.59	
18	"	22.86	
19	"	24.13	

le Denier vaut 10 c. 583/000.

Panel 2

Nombre des livres sterlings et schellings	PRIX du Change	VALEUR en — Fr C.	Tarct. décimal
1	25 42 1/2	25.42	50000
2	"	50 85 00000	
3	"	76.27.50000	
4	"	101.70.00000	
5	"	127.12.50000	
6	"	152 55 00000	
7	"	177.97 50000	
8	"	203.40 00000	
9	"	228 82.50000	
10	"	254.25.00000	
1	Schelling	1 27	
2	"	2 54	
3	"	3 81	
4	"	5 08	
5	"	6 35	
6	"	7 62	
7	"	8.90	
8	"	10.17	
9	"	11 44	
10	"	12.72	
11	"	13 99	
12	"	15.26	
13	"	16.53	
14	"	17.80	
15	"	19.07	
16	"	20.35	
17	"	21.62	
18	"	22.89	
19	"	24 16	

le Denier vaut 10 c. 593/000

Nombre	PRIX	Fr C.	Fracts
1	25.45	25.45	00000
2	"	50 90 00000	
3	"	76.35 00000	
4	"	101.80.00000	
5	"	127.25.00000	
6	"	152.70 00000	
7	"	178 15 00000	
8	"	203.60.00000	
9	"	229.05.00000	
10	"	254 50.00000	
1	Schelling.	1.27	
2	"	2.54	
3	"	3.81	
4	"	5.08	
5	"	6.36	
6	"	7.63	
7	"	8.90	
8	"	10 17	
9	"	11 44	
10	"	12 72	
11	"	14.00	
12	"	15.28	
13	"	16.56	
14	"	17.84	
15	"	19 08	
16	"	20.36	
17	"	21.64	
18	"	22.90	
19	"	24.17	

le Denier vaut 10 c. 603/000.

Panel 3

Nombre des livres sterlings et schellings	PRIX du Change	VALEUR en — Fr C.	Fracts décimal
1	25 47 1/2	25 47	50000
2	"	50.95.00000	
3	"	76 42 50000	
4	"	101 90.00000	
5	"	127.37.50000	
6	"	152.85.00000	
7	"	178 32 50000	
8	"	203.80 00000	
9	"	229 27 50000	
10	Schelling.	254.75 00000	
1	"	1.27	
2	"	2.54	
3	"	3 81	
4	"	5 08	
5	"	6.35	
6	"	7.63	
7	"	8.91	
8	"	10.18	
9	"	11.45	
10	"	12 73	
11	"	14.01	
12	"	15.30	
13	"	16.60	
14	"	17.82	
15	"	19 12	
16	"	20.40	
17	"	21.67	
18	"	22.94	
19	"	24.21	

le Denier vaut 10 c. 613/000

Nombre	PRIX	Fr C.	Fracts
1	25.50	25.50	00000
2	"	51 00 00000	
3	"	76.50.00000	
4	"	102.00.00000	
5	"	127.50.00000	
6	"	153.00.00000	
7	"	178.50.00000	
8	"	204 00.00000	
9	"	229.50.00000	
10	"	255 00.00000	
1	Schelling	1.27	
2	"	2.55	
3	"	3 82	
4	"	5.10	
5	"	6.37	
6	"	7.65	
7	"	8.92	
8	"	10 20	
9	"	11.47	
10	"	12.75	
11	"	14.03	
12	"	15.30	
13	"	16 60	
14	"	17 85	
15	"	19.12	
16	"	20.40	
17	"	21 67	
18	"	22.95	
19	"	24.22	

le Denier vaut 10 c. 623/000.

Réduction des Livres Sterlings en Francs, depuis le change de 24 fr 90 c. pour 1 liv. sterling, jusqu'à 26 fr 10 c

Nombre des livres sterling et schellings	PRIX du Change	VALEUR en		Nombre des livres sterlings et schellings	PRIX du Change	VALEUR en		Nombre des livres sterlings et schellings	PRIX du Change	VALEUR en	
		Fr. C	Fract.ᵈᵉᶜ			Fr C	Fracts. décimal.			Fr C	Fracts décimal.
1	25 52 1/2	25.52.50000		1	25 57 1/2	25.57.50000		1	25 62 1/2	25 62 50000	
2	//	51 05 00000		2	//	51.15 00000		2	//	51 25 00000	
3	//	76.57 50000		3	//	76 72.50000		3	//	76.87.50000	
4	//	102.10.0000		4	//	102.30 00000		4	//	102 50 00000	
5	//	127.62.50000		5	//	127.87 50000		5	//	128 12.50000	
6	//	153 15 00000		6	//	153.45.00000		6	//	153 75 00000	
7	//	178.67 50000		7	//	179.02 50000		7	//	179 37.50000	
8	//	204.20.00000		8	//	201.60 00000		8	//	205 00 00000	
9	//	229.72.50000		9	//	230 17 50000		9	//	230 62 50000	
10	//	255.25.00000		10	//	255 75 00000		10	//	256 25.00000	
1	Schelling	1.27		1	Schelling.	1.27		1	Schelling.	1 28	
2	//	2.55		2	//	2 55		2	//	2.56	
3	//	3.83		3	//	3 83		3	//	3 84	
4	//	5.10		4	//	5.10		4	//	5 12	
5	//	6 37		5	//	6.40		5	//	6 40	
6	//	7 65		6	//	7 66		9	//	7 69	
7	//	8 93		7	//	8.95		7	//	8 97	
8	//	10.20		8	//	10.23		8	//	10 25	
9	//	11.48		9	//	11 51		9	//	11 53	
10	//	12.76		10	//	12 77		10	•	12 81	
11	//	14 03		11	//	14 05		11	//	14 10	
12	//	15.31		12	//	15.32		12	//	15 38	
13	//	16.60		13	//	16 60		13	//	16.67	
14	//	17.89		14	//	17.92		14	//	17 94	
15	//	19.13		15	//	19 20		15	//	19 22	
16	//	20.41		16	//	20.45		16	//	20 50	
17	//	21 68		17	//	21 73		17	//	21 77	
18	//	22.97		18	//	23 03		18	//	23.05	
19	//	24.25		19	//	24.30		19	//	24.34	
1	25.55	25.55 00000		1	25 60	25 60.00000		1	25.65	25 65.00000	
2	//	51 10 00000		2	//	51 20 00000		2	//	51.30 00000	
3	//	76.65 00000		3	//	76 80 00000		3	//	76.95 00000	
4	//	102.20.00000		4	//	102.40 00000		4	//	102 60.00000	
5	//	127.75.00000		5	//	128 00 00000		5	//	128.25 00000	
6	//	153.30 00000		6	//	153 60 00000		6	//	153 90 00000	
7	//	178 85 00000		7	//	179 20 00000		7	//	179 55.00000	
8	//	204 40.00000		8	//	204 80 00000		8	//	205 20 00000	
9	//	229 95 00000		9	//	230 40 00000		9	//	230 85 00000	
10	//	255.50.00000		10	//	256.00 00000		10	//	256 50.00000	
1	Schelling	1 27		1	Schelling.	1 28		1	Schelling.	1 28	
2	//	2.55		2	//	2 56		2	//	2 56	
3	//	3 83		3	//	3 84		3	//	3 84	
4	//	5 10		4	//	5 12		4	//	5 12	
5	//	6 39		5	//	6 40		5	//	6.40	
6	//	7 66		6	//	7 68		6	//	7 70	
7	//	8.94		7	//	8 96		7	//	8 98	
8	//	10.22		8	//	10 24		8	//	10 26	
9	//	11 50		9	//	11 52		9	//	11 54	
10	//	12.77		10	//	12 80		10	//	12 83	
11	//	14.04		11	//	14 08		11	//	14 11	
12	//	15.32		12	//	15.36		12	//	15 39	
13	//	16.60		13	//	16 64		13	//	16 68	
14	//	17.90		14	//	17 92		14	//	17 95	
15	//	19.16		15	//	19 22		15	//	19 23	
16	//	20.44		16	//	20 48		16	//	20 51	
17	//	21.73		17	//	21 77		17	//	21 78	
18	//	23 00		18	//	23 05		18	//	23 06	
19	//	24.29		19	//	24 32		19	//	24 36	

le Denier vaut 10 c 653/000.

le Denier vaut 10 c 656/000.

le Denier vaut 10 c 676/000.

le Denier vaut 10 c 643/000.

le Denier vaut 10 c 666/000.

le Denier vaut 10 c 687/000.

Réduction des Livres Sterlings en Francs, depuis le change de 24 fr 90 c pour 1 liv. sterling, jusqu'à 26 fr 10 c

Nombre des livres sterlings et schellings	PRIX du Change	VALEUR en (Fr / C / Fract. décimal)	Nombre des livres sterlings et schellings	PRIX du Change	VALEUR en (Fr / C / Fract. décimal)	Nombre des livres sterlings et schellings	PRIX du Change	VALEUR en (Fr / C / Fract. décimal)
1	25 67 1/2	25.67 50000	1	25 72 1/2	25 72 50000	1	25.77 1/2	25.77.50000
2	//	51.35.00000	2	//	51.45 00000	2	//	51.55 00000
3	//	77.02.50000	3	//	77 17 50000	3	//	77.32 50000
4	//	102.70 00000	4	//	102 90.00000	4	//	103.10.00000
5	//	128 37 50000	5	//	128.62 50000	5	//	128.87 50000
6	//	154 05 00000	6	//	154 35 00000	6	//	154.65.00000
7	//	179 72.50000	7	//	180.07.50000	7	//	180.42 50000
8	//	205 40.00000	8	//	205 80 00000	8	//	206.20 00000
9	//	231.07 50000	9	//	231 52 50000	9	//	231.97.50000
10	//	256.75 00000	10	//	257 25 00000	10	//	257.75 00000
1	Schelling	1 28	1	Schelling.	1 28	1	Schelling.	1.28
2	//	2 56	2	//	2 57	2	//	2.58
3	//	3.84	3	//	3.86	3	//	3.87
4	//	5.13	4	//	5.13	4	//	5.15
5	//	6.41	5	//	6.43	5	//	6.44
6	//	7 70	6	//	7 71	6	//	7 73
7	//	8.98	7	//	9 00	7	//	9 02
8	//	10 27	8	//	10 28	8	//	10 31
9	//	11.55	9	//	11 56	9	//	11 59
10	//	12.83	10	//	12.86	10	//	12.88
11	//	14.12	11	//	14 13	11	//	14.16
12	//	15.39	12	//	15.42	12	//	15.46
13	//	16 68	13	//	16.72	13	//	16.74
14	//	17.96	14	//	17 98	14	//	18.03
15	//	19.26	15	//	19 28	15	//	19.32
16	//	20 53	16	//	20 56	16	//	20.62
17	//	21 82	17	//	21.85	17	//	21.90
18	//	23 10	18	//	23.14	18	//	23 19
19	//	24.40	19	//	24 44	19	//	24.48
1	25.70	25 70.00000	1	25 75	25 75 00000	1	25.80	25 80.00000
2	//	51 40.00000	2	//	51 50.00000	2	//	51.60 00000
3	//	77 10.00000	3	//	77.25.00000	3	//	77 40 00000
4	//	102.80.00000	4	//	103 00 00000	4	//	103 20 00000
5	//	128 50 00000	5	//	128 75 00000	5	//	129.00 00000
6	//	154 20 00000	6	//	154.50.00000	6	//	154.80 00000
7	//	179 90 00000	7	//	180 25 00000	7	//	180.60 00000
8	//	205.60 00000	8	//	206 00 00000	8	//	206.40.00000
9	//	231.30 00000	9	//	231 75 00000	9	//	232.20 00000
10	//	257 00 00000	10	//	257 50 00000	10	//	258.00.00000
1	Schelling	1 28	1	Schelling.	1.28	1	Schelling.	1 29
2	//	2.57	2	//	2 57	2	//	2.58
3	//	3 85	3	//	3 86	3	//	3 87
4	//	5.14	4	//	5 14	4	//	5 16
5	//	6.42	5	//	6 43	5	//	6.45
6	//	7 71	6	//	7.72	6	//	7 74
7	//	8.99	7	//	9 01	7	//	9.03
8	//	10.28	8	//	10 30	8	//	10.32
9	//	11 55	9	//	11 58	9	//	11.61
10	//	12.85	10	//	12 87	10	//	12 90
11	//	14 15	11	//	14.15	11	//	14 19
12	//	15 41	12	//	15 44	12	//	15 48
13	//	16 70	13	//	16.73	13	//	16 77
14	//	17 97	14	//	18.01	14	//	18 06
15	//	19.27	15	//	19.30	15	//	19 35
16	//	20 55	16	//	20 58	16	//	20.64
17	//	21 84	17	//	21 88	17	//	21 93
18	//	23 12	18	//	23 17	18	//	23.22
19	//	24.41	19	//	24 46	19	//	24.51

le Denier vaut 10 c 697/000 — le Denier vaut 10 c 748/000 — le Denier vaut 10 c 738/000-

le Denier vaut 10 c 768/000 — le Denier vaut 10 c 758/000. — le Denier vaut 10 c 730/000

Réduction des Livres Sterlings en Francs, depuis le change de 24 fr 90 c pour 1 liv sterling, jusqu'à 26 fr 10 c

Nombre des livres sterlings et schellings	PRIX du Change	VALEUR en			Nombre des livres sterlings et schellings	PRIX du Change	VALEUR en			Nombre des livres sterlings et schellings	PRIX du Change	VALEUR en		
		Fr.	C.	Fract. décimal.			Fr.	C.	Fract. décimal.			Fr.	C.	Fract. décimal.
1	25.82 1/2	25.82	50000		1	25.87 1/2	25.87	50000		1	25.92 1/2	25.92	50000	
2	"	51.65	00000		2	"	51.75	00000		2	"	51.85	00000	
3	"	77.47	50000		3	"	77.62	50000		3	"	77.77	50000	
4	"	103.30	00000		4	"	103.55	00000		4	"	103.70	00000	
5	"	129.12	50000		5	"	129.42	50000		5	"	129.62	50000	
6	"	154.95	00000		6	"	155.30	00000		6	"	155.55	00000	
7	"	180.77	50000		7	"	181.17	50000		7	"	181.47	50000	
8	"	206.60	00000		8	"	207.05	00000		8	"	207.40	00000	
9	"	232.42	50000		9	"	232.87	50000		9	"	233.32	50000	
10	"	258.25	00000		10	"	258.75	00000		10	"	259.25	00000	
1	Schelling.	1.29			1	Schelling.	1.29			1	Schelling	1.29		
2	"	2 58			2	"	2 59			2	"	2.59		
3	"	3 87			3	"	3.88			3	"	3 89		
4	"	5 17			4	"	5 18			4	"	5.19		
5	"	6.46			5	"	6 47			5	"	6.48		
6	"	7.75			6	"	7 77			6	"	7 77		
7	"	9 04			7	"	9 07			7	"	9.07		
8	"	10.33			8	"	10 36			8	"	10.37		
9	"	11 62			9	"	11 65			9	"	11 67		
10	"	12 91			10	"	12 93			10	"	12 96		
11	"	14.20			11	"	14.22			11	"	14.26		
12	"	15.50			12	"	15 53			12	"	15 55		
13	"	16.79			13	"	16.82			13	"	16 85		
14	"	18.08			14	"	18 10			14	"	18.15		
15	"	19.37			15	"	19 40			15	"	19.44		
16	"	20 66			16	"	20.69			16	"	20 73		
17	"	21.95			17	"	21 98			17	"	22.03		
18	"	23.24			18	"	23 28			18	"	23.33		
19	"	24.53			19	"	24 58			19	"	24 63		
1	25.85	25.85	00000		1	25 90	25 90	00000		1	25.95	25 95	00000	
2	"	51 70	00000		2	"	51.80	00000		2	"	51 90	00000	
3	"	77.55	00000		3	"	77.70	00000		3	"	77.85	00000	
4	"	103 40	00000		4	"	103 60	00000		4	"	103.80	00000	
5	"	129 25	00000		5	"	129.50	00000		5	"	129.75	00000	
6	"	155.10	00000		6	"	155.40	00000		6	"	155.70	00000	
7	"	180 95	00000		7	"	181.30	00000		7	"	181 65	00000	
8	"	206 80	00000		8	"	207 20	00000		8	"	207.60	00000	
9	"	232.65	00000		9	"	233 10	00000		9	"	233.55	00000	
10	"	258.50	00000		10	"	259 00	00000		10	"	259.50	00000	
1	Schelling.	1.29			1	Schelling.	1.29			1	Schelling.	1 29		
2	"	2.59			2	"	2.59			2	"	2 59		
3	"	3.88			3	"	3.88			3	"	3.89		
4	"	5.19			4	"	5.18			4	"	5.19		
5	"	6.47			5	"	6.48			5	"	6.49		
6	"	7 76			6	"	7.77			6	"	7 78		
7	"	9 05			7	"	9 07			7	"	9.08		
8	"	10 34			8	"	10 37			8	"	10 38		
9	"	11 63			9	"	11.66			9	"	11 68		
10	"	12.93			10	"	12.96			10	"	12 98		
11	"	14.22			11	"	14.24			11	"	14.28		
12	"	15 51			12	"	15 54			12	"	15.56		
13	"	16 80			13	"	16 83			13	"	16 86		
14	"	18 09			14	"	18.12			14	"	18 16		
15	"	19.38			15	"	19.42			15	"	19.45		
16	"	20 68			16	"	20 71			16	"	20.74		
17	"	21 97			17	"	22.01			17	"	22 04		
18	"	23 27			18	"	23.30			18	"	23 34		
19	"	24 57			19	"	24 60			19	"	24 64		

le Denier vaut 10 c 761/000.

le Denier vaut 10 c 781/000.

le Denier vaut 10 c 801/000.

le Denier vaut 10 c 770/000.

le Denier vaut 10 c 791/000.

le Denier vaut 10 c 811/000.

Réduction des Livres Sterlings en Francs , depuis le change de 24 fr. 90 c. pour 1 liv. sterling, jusqu'à 26 fr. 10 c.

Groupe 1

Nombre des livres sterlings et schellings	PRIX du Change	VALEUR en Fr	C	Fract. decimal
1	25 97 1/2	25	97	50000
2	"	51	95	00000
3	"	77	92	50000
4	"	103	90	00000
5	"	129	87	50000
6	"	155	85	00000
7	"	181	82	50000
8	"	207	80	00000
9	"	233	77	50000
10	"	259	75	00000
1	Schellng.	1	29	
2	"	2	60	
3	"	3	90	
4	"	5	20	
5	"	6	50	
6	"	7	79	
7	"	9	09	
8	"	10	39	
9	"	11	69	
10	"	12	99	
11	"	14	29	
12	"	15	58	
13	"	16	87	
14	"	18	17	
15	"	19	48	
16	"	20	77	
17	"	22	08	
18	"	23	37	
19	"	24	67	
1	26	26	00	00000
2	"	52	00	00000
3	"	78	00	00000
4	"	104	00	00000
5	"	130	00	00000
6	"	156	00	00000
7	"	182	00	00000
8	"	208	00	00000
9	"	234	00	00000
10	"	260	00	00000
1	Schelling.	1	30	
2	"	2	60	
3	"	3	90	
4	"	5	20	
5	"	6	56	
6	"	7	80	
7	"	9	10	
8	"	10	40	
9	"	11	70	
10	"	13	00	
11	"	14	30	
12	"	15	60	
13	"	16	90	
14	"	18	20	
15	"	19	50	
16	"	20	80	
17	"	22	10	
18	"	23	40	
19	"	24	70	

(le Denier vaut 10 c 825/000 ; le Denier vaut 10 c 833/000)

Groupe 2

Nombre des livres sterlings et schellings	PRIX du Change	VALEUR en Fr	C	Fract. decimal
1	26 02 1/2	26	02	50000
2	"	52	05	00000
3	"	78	07	50000
4	"	104	10	00000
5	"	130	12	50000
6	"	156	15	00000
7	"	182	17	50000
8	"	208	20	00000
9	"	234	22	50000
10	"	260	25	00000
1	Schellng.	1	30	
2	"	2	60	
3	"	3	90	
4	"	5	21	
5	"	6	51	
6	"	7	80	
7	"	9	11	
8	"	10	41	
9	"	11	71	
10	"	13	01	
11	"	14	31	
12	"	15	61	
13	"	16	91	
14	"	18	21	
15	"	19	51	
16	"	20	81	
17	"	22	11	
18	"	23	42	
19	"	24	72	
1	26.05	26	05	00000
2	"	52	10	000 0
3	"	78	15	00000
4	"	104	20	00000
5	"	130	25	00000
6	"	156	30	00000
7	"	182	35	00000
8	"	208	40	00000
9	"	234	45	00000
10	"	260	50	00000
1	Schelling.	1	30	
2	"	2	60	
3	"	3	92	
4	"	5	22	
5	"	6	52	
6	"	7	81	
7	"	9	11	
8	"	10	41	
9	"	11	72	
10	"	13	02	
11	"	14	32	
12	"	15	62	
13	"	16	92	
14	"	18	22	
15	"	19	52	
16	"	20	83	
17	"	22	13	
18	"	23	44	
19	"	24	74	

(le Denier vaut 10 c 845/000 ; le Denier vaut 10 c 834/000)

Groupe 3

Nombre des livres sterlings et schellings	PRIX du Change	VALEUR en Fr	C	Fract. decimal
1	26 07 1/2	26	07	50000
2	"	52	15	00000
3	"	78	22	50000
4	"	104	30	00000
5	"	130	37	50000
6	"	156	45	00000
7	"	182	52	50000
8	"	208	60	00000
9	"	234	67	50000
10	"	260	75	00000
1	Schellng.	1	30	
2	"	2	61	
3	"	3	93	
4	"	5	23	
5	"	6	53	
6	"	7	82	
7	"	9	12	
8	"	10	43	
9	"	11	73	
10	"	13	03	
11	"	14	34	
12	"	15	65	
13	"	16	95	
14	"	18	25	
15	"	19	56	
16	"	20	87	
17	"	22	17	
18	"	23	47	
19	"	24	78	
1	26 10	26	10	00000
2	"	52	20	00000
3	"	78	30	0000
4	"	104	40	00000
5	"	130	50	00000
6	"	156	60	00000
7	"	182	70	00000
8	"	208	80	00000
9	"	234	90	00000
10	"	261	00	00000
1	Schelling.	1	30	
2	"	2	62	
3	"	3	94	
4	"	5	24	
5	"	6	54	
6	"	7	83	
7	"	9	14	
8	"	10	44	
9	"	11	75	
10	"	13	05	
11	"	14	37	
12	"	15	66	
13	"	16	96	
14	"	18	27	
15	"	19	57	
16	"	20	88	
17	"	22	18	
18	"	23	40	
19	"	24	80	

(le Denier vaut 10 c 854/000 ; le Denier vaut 10 c 875/000)

Avec **PARIS, MARSEILLE, LYON,** et autres places qui reçoivent 100 Marcs de Banque pour 185 fr plus ou moins —Réduction des Marcs de Banque en Francs depuis 180 fr pour 100 Marcs jusqu'à 188 fr 7/8

Nomb. des Marcs	PRIX du Change.	VALEUR en Fr. C	Fractions decimales	Nomb. des Marcs	PRIX du Change.	VALEUR en Fr. C	Fractions decimales	Nomb. des Marcs	PRIX du Change	VALEUR en Fr. C	Fractions decimales
1	180	1 80.00000	le S. v. 1fc 1000/950, le dr. 1000/931	1	180 3/4	1 80 75000	le S. v. 1fc 1000/996, le dr. 1000/941	1	181 1/2	1.81.50000	le S. v. 1fc 1000/343, le dr. 1000/943
2	"	3 60.50000		2	"	3 61.50000		2	"	3 63.00000	
3	"	5 40.00000		3	"	5.42.25000		3	"	5.44 50000	
4	"	7.20.00000		4	"	7 23 00000		4	"	7.26.00000	
5	"	9 00.00000		5	"	9 03.75000		5	"	9.07.50000	
6	"	10.80.00000		6	"	10.84 50000		6	"	10 89 00000	
7	"	12 60 00000		7	"	12 65 25000		7	"	12.70.50000	
8	"	14.46.00000		8	"	14 46.00000		8	"	14.52.00000	
9	"	16 20 00000		9	"	16 26 75000		9	"	16.33.50000	
10	"	18.00.00000		10	"	18 07 50000		10	"	18 15 00000	
1	180 1/8	1.80.12500	la S. v. 1fc 1000/9.7, le dr. 1000/9 38	1	180 7/8	1 80 87500	le S. v. 1fc 1000/505, le dr. 1000/949	1	181 5/8	1 81.62500	le S. v. 1fc 1000/331, le dr. 1000/946
2	"	3.61 75000		2	"	3.61 75000		2	"	3.63 25000	
3	"	5.40.37500		3	"	5 42.62500		3	"	5.44.87500	
4	"	7 20.50000		4	"	7.23 50000		4	"	7.26.50000	
5	"	9.00.62500		5	"	9 04.37500		5	"	9 08.12500	
6	"	10 80.75000		6	"	10.85.25000		6	"	10.89.75000	
7	"	12 60.87500		7	"	12 66.12500		7	"	12.71 37500	
8	"	14 41 00000		8	"	14 47 00000		8	"	14.53 00000	
9	"	16.21.12500		9	"	16.27 87500		9	"	16 34 62500	
10	"	18.01.25000		10	"	18.08 75000		10	"	18.16 25000	
1	180 1/4	1 80.25000	le S. v. 1fc 1000/965, le dr. 1000/939	1	181	1 81 00000	le S. v. 1fc 1000/519, le dr. 1000/949	1	181 3/4	1 81 75000	le S. v. 1fc 1000/339, le dr. 1000/946
2	"	3.60.50000		2	"	3 62 00000		2	"	3 63.50000	
3	"	5.40.75000		3	"	5.43 00000		3	"	5.45.25000	
4	"	7 21.00000		4	"	7.24 00000		4	"	7.27 00000	
5	"	9.01.25000		5	"	9.05 00000		5	"	9 08.75000	
6	"	10.81.50000		6	"	10.86 00000		6	"	10 90.50000	
7	"	12.61.75000		7	"	12 67 00000		7	"	12.72.25000	
8	"	14.42.00000		8	"	14.48.00000		8	"	•14.54.00000	
9	"	16.22.25000		9	"	16 29.00000		9	"	16.35 75000	
10	"	18.02 50000		10	"	18 10 00000		10	"	18 17 50000	
1	180 3/8	1.80.37500	le S. v. 1fc 1000/973, le dr. 1000/940	1	181 1/8	1.81 12500	le S. v. 1fc 1000/590, le dr. 1000/945	1	181 7/8	1.81.87500	le S. v. 1fc 1000/368, le dr. 1000/947
2	"	3 60.75000		2	"	3.62 25000		2	"	3.63.75000	
3	"	5.41.12500		3	"	5 43.37500		3	"	5.45.62500	
4	"	7.21.50000		4	"	7 24 50000		4	"	7.27 50000	
5	"	9.01.87500		5	"	9 05.62500		5	"	9.09.37500	
6	"	10 82 25000		6	"	10 86.75000		6	"	10.91 25000	
7	"	12.62.62500		7	"	12.67.87500		7	"	12.73.12500	
8	"	14 43.00000		8	"	14.49.00000		8	"	14.55.00000	
9	"	16.23 37500		9	"	16.30.12500		9	"	16.36.87500	
10	"	18.03.75000		10	"	18.11.25000		10	"	18.18 75000	
1	180 1/2	1.80.50000	le S. v. 1fc 1000/981, le dr. 1000/910	1	181 1/4	1.81.25000	le S. v. 1fc 1000/398, le dr. 1000/044	1	182	1.82.00000	le S. v. 1fc 1000/375, le dr. 1000/948
2	"	3 61 00000		2	"	3.62 50000		2	"	3 64 00000	
3	"	5 41 75000		3	"	5 43 75000		3	"	5 46 00000	
4	"	7.22.00000		4	"	7.25.00000		4	"	7.28.00000	
5	"	9 02.50000		5	"	9 06.25000		5	"	9.10 00000	
6	"	10.83 00000		6	"	10.87.50000		6	"	10.92 00000	
7	"	12.63 50000		7	"	12 68.75000		7	"	12.74.00000	
8	"	14.44 00000		8	"	14.50.00000		8	"	14 56.00000	
9	"	16.24 50000		9	"	16 31.25000		9	"	16.38 00000	
10	"	18.05.00000		10	"	18.12 50000		10	"	18.20 00000	
1	180 5/8	1.80.62500	le S. v. 1fc 1000/989, le dr. 1000/941	1	181 3/8	1.81.37500	le S. v. 1fc 1000/335, le dr. 1000/944	1	182 1/8	1.82.12500	le S. v. 1fc 1000/383, le dr. 1000/948
2	"	3.61.25000		2	"	3 62.75000		2	"	3 64.25000	
3	"	5.41.87500		3	"	5.44.12500		3	"	5.46.37500	
4	"	7.22.50000		4	"	7 25.50000		4	"	7.28 50000	
5	"	9.03 12500		5	"	9 06.87500		5	"	9.10 62500	
6	"	10 83.75000		6	"	10 88.25000		6	"	10.92.75000	
7	"	12.64.37500		7	"	12.69.62500		7	"	12.74.87500	
8	"	14.45.00000		8	"	14.51 00000		8	"	14 57.00000	
9	"	16 25 62500		9	"	16 32.37500		9	"	16 39.12500	
10	"	18 06.25000		10	"	18 13.75000		10	"	18 21.25000	

HAMBOURG.

Avec **PARIS, MARSEILLE, LYON**, et autres places qui reçoivent 100 Marcs de Banque
pour 185 fr plus ou moins —Réduction des Marcs de Banque en Francs depuis
180 fr pour 100 Marcs jusqu'à 188 fr 7/8

Nomb. des Marcs	PRIX du Change.	VALEUR en		
		Fr.	C.	Fractions decimales.
1	182 1/4	1.82.25000		
2	"	3.64.50000		
3	"	5 46.75000		
4	"	7 29.00000		
5	"	9 11 25000		le S. v. 11 c. 390/1000, le der 949/1000
6	"	10 93 50000		
7	"	12 75 75000		
8	"	14 58.00000		
9	"	16.40.25000		
10	"	18 22.50000		
1	182 3/8	1 82 37500		
2	"	3 64 75000		
3	"	5 47.12500		
4	"	7.29 50000		
5	"	9.11.87500		le S. v. 11 c. 399/1000, le der 949/1000
6	"	10.94.25000		
7	"	12 76 62500		
8	"	14 59 00000		
9	"	16 41 37500		
10	"	18.23.75000		
1	182 1/2	1 82 50000		
2	"	3.65.00000		
3	"	5.47.50000		
4	"	7.30 00000		
5	"	9 12.50000		le S. v. 11 c. 406/1000, le der 950/1000
6	"	10.95.00000		
7	"	12 77.50000		
8	"	14.60+00000		
9	"	16 42 50000		
10	"	18.25 00000		
1	182 5/8	1.82.62500		
2	"	3 65 25000		
3	"	5.47.87500		
4	"	7.30.50000		
5	"	9 13 12500		le S. v. 11 c. 414/1000, le der 951/1000
6	"	10 95.75000		
7	"	12 78.37500		
8	"	14 61.00000		
9	"	16 43 62500		
10	"	18.26.25000		
1	182 3/4	1 82.75000		
2	"	3.65 50000		
3	"	5.48.25000		
4	"	7 31 00000		
5	"	9.13.75000		le S. v. 11 c. 422/1000, le der 951/1000
6	"	10.96 50000		
7	"	12.79.25000		
8	"	14.62.00000		
9	"	16.44.75000		
10	"	18.27.50000		
1	182 7/8	1 82 87500		
2	"	3 65.75000		
3	"	5 48.62500		
4	"	7 31.50000		
5	"	9 14.37500		le S. v. 11 c. 429/1000, le der 952/1000
6	"	10.97 25000		
7	"	12 80.12500		
8	"	14 63 00000		
9	"	16.45 87500		
10	"	18 28 75000		

Nomb. des Marcs	PRIX du Change.	VALEUR en		
		Fr.	C.	Fractions decimales.
1	183	1.83.00000		
2	"	3 66 00000		
3	"	5.49 00000		
4	"	7.32.00000		
5	"	9.15.00000		le S. v. 11 c. 437/1000, le der 953/1000
6	"	10.98.00000		
7	"	12.81.00000		
8	"	14 64.00000		
9	"	16.47.00000		
10	"	18.30.00000		
1	183 1/8	1.83.12500		
2	"	3.66.25000		
3	"	5.49.37500		
4	"	7.32.50000		
5	"	9.15.62500		le S. v. 11 c. 445/1000, le der 954/1000
6	"	10.98.75000		
7	"	12.81.87500		
8	"	14.65.00000		
9	"	16.48.12500		
10	"	18.31.25000		
1	183 1/4	1.83.25000		
2	"	3 66.50000		
3	"	5 49.75000		
4	"	7 33.00000		
5	"	9 16.25000		le S. v. 11 c. 453/1000, le der 954/1000
6	"	10 99.50000		
7	"	12 82.75000		
8	"	14.66.00000		
9	"	16.49 25000		
10	"	18.32.50000		
1	183 3/8	1.83.37500		
2	"	3.66 75000		
3	"	5 50 12500		
4	"	7 33.50000		
5	"	9.16 87500		le S. v. 11 c. 460/1000, le der 955/1000
6	"	11.00.25000		
7	"	12.83 62500		
8	"	14.67.00000		
9	"	16.50.37500		
10	"	18 33.75000		
1	183 1/2	1.83.50000		
2	"	3.67 00000		
3	"	5.50.50000		
4	"	7.34.00000		
5	"	9 17.50000		le S. v. 11 c. 467/1000, le der 955/1000
6	"	11.01 00000		
7	"	12.84.50000		
8	"	14.68.00000		
9	"	16.51.50000		
10	"	18.35.00000		
1	183 5/8	1 83 62500		
2	"	3 67 75000		
3	"	5 50.87500		
4	"	7 34 50000		
5	"	9.18.12500		le S. v. 11 c. 476/1000, le der 956/1000
6	"	11.01.75000		
7	"	12 85 37500		
8	"	14 69 00000		
9	"	16.52 62500		
10	"	18 36 25000		

Nomb. des Marcs	PRIX du Change	VALEUR en		
		Fr.	C.	Fractions décimales.
1	183 3/4	1.83 75000		
2	"	3.67 50000		
3	"	5.51 25000		
4	"	7.35.00000		
5	"	9.18 75000		le S. v. 11 c. 484/1000, le der 957/1000
6	"	11 02.50000		
7	"	12.86.25000		
8	"	14 70.00000		
9	"	16.53.75000		
10	"	18.37.50000		
1	183 7/8	1.83.87500		
2	"	3 67.50000		
3	"	5 51.62500		
4	"	7.35.50000		
5	"	9 19 37500		le S. v. 11 c. 492/1000, le der 957/1000
6	"	11.03 25000		
7	"	12.87 12500		
8	"	14.71.00000		
9	"	16.54.87500		
10	"	18 38 75000		
1	184	1.84.00000		
2	"	3.68 00000		
3	"	5.52 00000		
4	"	7 36 00000		
5	"	9.20 00000		le S. v. 11 c. 500/1000, le der 958/1000
6	"	11.04 00000		
7	"	12 88 00000		
8	"	14.72.00000		
9	"	16.56 00000		
10	"	18.40 00000		
1	184 1/8	1 84.12500		
2	"	3.68.25000		
3	"	5 52.37500		
4	"	7 36 50000		
5	"	9 20 62500		le S. v. 11 c. 508/1000, le der 959/1000
6	"	11 04 75000		
7	"	12.88 87500		
8	"	14 73 00000		
9	"	16 57 12500		
10	"	18.41 25000		
1	184 1/4	1.84 25000		
2	"	3 68.50000		
3	"	5.52.75000		
4	"	7 37.00000		
5	"	9.21.25000		le S. v. 11 c. 515/1000, le der 959/1000
6	"	11.05 50000		
7	"	12.89 75000		
8	"	14.74.00000		
9	"	16.58.25000		
10	"	18.42.50000		
1	184 3/8	1 84.37500		
2	"	3 68 75000		
3	"	5.53.12500		
4	"	7.37.50000		
5	"	9.21 87500		le S. v. 11 c. 523/1000, le der 960/1000
6	"	11.06 25000		
7	"	12.90 62500		
8	"	14.75 00000		
9	"	16.59 37500		
10	"	18 43 75000		

Avec **PARIS**, **MARSEILLE**, **LYON**, et autres places qui reçoivent 100 Marcs de Banque pour 185 fr. plus ou moins —Réduction des Marcs de Banque en francs, depuis 80 fr pour 100 Marcs jusqu'à 188 fr 7/8

Nomb des Marcs	PRIX du Change	VALEUR en (Fr. C. Fractions décimales)	Nomb des Marcs	PRIX du Change	VALEUR en (Fr. C. Fractions décimales)	Nomb des Marcs	PRIX du Change	VALEUR en (Fr. C. Fractions décimales)
1	184 1/2	1 84.50000	1	185 1/4	1 85 25000	1	186	1.86 00000
2	//	3 69 00000	2	//	3 70 50000	2	//	3 72 00000
3	//	5 53 75000	3	//	5.55 75000	3	//	5 58 00000
4	//	7.38.00000	4	//	7 41 00000	4	//	7 44.00000
5	//	9 22 50000	5	//	9.26 25000	5	//	9 30.00000
6	//	11 07 00000	6	//	11 11 50000	6	//	11 16 00000
7	//	12 91.50000	7	//	12.96 75000	7	//	13.02 00000
8	//	14.76.00000	8	//	14 82.00000	8	//	14.88 00000
9	//	16 60.50000	9	//	16 67 25000	9	//	16 74.00000
10	//	18.45.00000	10	//	18 52.50000	10	//	18.60 00000
1	184 5/8	1 84 62500	1	185 3/8	1 85 37500	1	186 1/8	1.86 12500
2	//	3 69 25000	2	//	3.70.75000	2	//	3 72.25000
3	//	6 53 87500	3	//	5 56.12500	3	//	5 58.37500
4	//	7.38 50000	4	//	7.41.50000	4	//	7 44.50000
5	//	9.23.12500	5	//	9.26 87500	5	//	9 30 62500
6	//	11 07 75000	6	//	11 12 25000	6	//	11 16.75000
7	//	12 92 37500	7	//	12 97 62500	7	//	13.02 87500
8	//	14.77 00000	8	//	14 83 00000	8	//	14.89 00000
9	//	16 61 62500	9	//	16 68 37500	9	//	16.75.12500
10	//	18.46 25000	10	//	18.53.75000	10	//	18.61.25000
1	184 3/4	1.84 75000	1	185 1/2	1 85 50000	1	186 1/4	1.86.25000
2	//	3.69.50000	2	//	3.71 00000	2	//	3 72.50000
3	//	5 54.25000	3	//	5.56 50000	3	//	5.58.75000
4	//	7 39 00000	4	//	7.42.00000	4	//	7.45 00000
5	//	9.23 75000	5	//	9 27.50000	5	//	9 31 25000
6	//	11 08.50000	6	//	11.13.00000	6	//	11 17.50000
7	//	12 93.50000	7	//	12.98.50000	7	//	13.03 75000
8	//	14 78 00000	8	//	14.84.00000	8	//	14.90 00000
9	//	16 62 75000	9	//	16.69.50000	9	//	16.76 25000
10	//	18.47.50000	10	//	18.55.00000	10	//	18 62 50000
1	184 7/8	1 84.87500	1	185 5/8	1.85 62500	1	186 3/8	1.86 37500
2	//	3.69.75000	2	//	3.71.25000	2	//	3.72.75000
3	//	5.54 62500	3	//	5.56.87500	3	//	5.59.12500
4	//	7.39.50000	4	//	7.42 50000	4	//	7 45.50000
5	//	9.24 37500	5	//	9.28 12500	5	//	9.31 87500
6	//	11 09 25000	6	//	11.13 75000	6	//	11.18.25000
7	//	12.94.12500	7	//	12.99.37500	7	//	13.04.62500
8	//	14 79.00000	8	//	14.85 00000	8	//	14.91 00000
9	//	16.63.87500	9	//	16.70 62500	9	//	16.77 37500
10	//	18.48.75000	10	//	18.63.75000	10	//	18.63.75000
1	185	1 85 00000	1	185 3/4	1.85.75000	1	186 1/2	1.86.50000
2	//	3.70.00000	2	//	3 71 50000	2	//	3.73.00000
3	//	5 55 00000	3	//	5.57 25000	3	//	5.59.50000
4	//	7 40.00000	4	//	7 43 00000	4	//	7.46.00000
5	//	9 25.00000	5	//	9.28.75000	5	//	9 32.50000
6	//	11 10 00000	6	//	11.14 50000	6	//	11.19.00000
7	//	12.95 00000	7	//	13.00 25000	7	//	13.05.50000
8	//	14 80.00000	8	//	14.86 00000	8	//	14.92 00000
9	//	16 65 00000	9	//	16.71 75000	9	//	16.78 50000
10	//	18.50 00000	10	//	18.57 50000	10	//	18 65.00000
1	185 1/8	1.85.12500	1	185 7/8	1.85 87500	1	186 5/8	1.86.62500
2	//	3.70.25000	2	//	3.71 75000	2	//	3 73 25000
3	//	5.55.37500	3	//	5.57 62500	3	//	5 59.87500
4	//	7 40.50000	4	//	7 43 50000	4	//	7.46 50000
5	//	9.25 62500	5	//	9.29 37500	5	//	9.33.12500
6	//	11.10.75000	6	//	11 15 25000	6	//	11.19.75000
7	//	12 95 87500	7	//	13.01 12500	7	//	13 06.37500
8	//	14 81.00000	8	//	14.87.00000	8	//	14.93 00000
9	//	16 66 12500	9	//	16.72.87500	9	//	16.79.62500
10	//	18.51 25000	10	//	18.58 75000	10	//	18.66.25000

HAMBOURG

Avec **PARIS, MARSEILLE, LYON**, et autres places qui reçoivent 100 Marcs de Banque pour 185 fr plus ou moins —Réduction des Marcs de Banque en francs, depuis 180 fr pour 100 Marcs jusqu'a 188 fr 7/8

Nomb. des Marcs	PRIX du Change.	VALEUR en — Fr	C	Fractions décimales
1	186 3/4	1	86	75000
2	"	3	73	50000
3	"	5	60	25000
4	"	7	47	00000
5	"	9	33	75000
6	"	11	20	50000
7	"	12	07	25000
8	"	13	94	00000
9	"	15	80	75000
10	"	18	67	50000
1	186 7/8	1	86	87500
2	"	3	73	75000
3	"	5	60	62500
4	"	7	47	50000
5	"	9	34	37500
6	"	11	21	25000
7	"	13	08	12500
8	"	14	95	00000
9	"	16	81	87500
10	"	18	68	75000
1	187	1	87	00000
2	"	3	74	00000
3	"	5	61	00000
4	"	7	48	00000
5	"	9	35	00000
6	"	11	22	00000
7	"	13	09	00000
8	"	14	96	00000
9	"	16	83	00000
10	"	18	70	00000
1	187 1/8	1	87	12500
2	"	3	74	25000
3	"	5	61	37500
4	"	7	48	50000
5	"	9	35	62500
6	"	11	22	75000
7	"	13	09	87500
8	"	14	97	00000
9	"	16	84	12500
10	"	18	71	25000
1	187 1/4	1	87	25000
2	"	3	74	50000
3	"	5	61	75000
4	"	7	49	00000
5	"	9	36	25000
6	"	11	23	50000
7	"	13	10	75000
8	"	14	98	00000
9	"	16	85	25000
10	"	18	72	50000
1	187 3/8	1	87	37500
2	"	3	74	75000
3	"	5	62	12500
4	"	7	49	50000
5	"	9	36	87500
6	"	11	24	25000
7	"	13	11	62500
8	"	14	99	00000
9	"	16	86	37500
10	"	18	73	75000

Nomb. des Marcs	PRIX du Change.	VALEUR en — Fr	C	Fractions décimales
1	187 1/2	1	87	50000
2	"	3	75	00000
3	"	5	62	50000
4	"	7	50	00000
5	"	9	37	50000
6	"	11	25	00000
7	"	13	12	50000
8	"	15	00	00000
9	"	16	87	50000
10	"	18	75	00000
1	187 5/8	1	87	62500
2	"	3	75	25000
3	"	5	62	87500
4	"	7	50	50000
5	"	9	38	12500
6	"	11	25	75000
7	"	13	13	37500
8	"	15	01	00000
9	"	16	88	62500
10	"	18	76	25000
1	187 3/4	1	87	75000
2	"	3	75	50000
3	"	5	63	25000
4	"	7	51	00000
5	"	9	38	75000
6	"	11	26	50000
7	"	13	14	25000
8	"	15	02	00000
9	"	16	89	75000
10	"	18	77	50000
1	187 7/8	1	87	87500
2	"	3	75	75000
3	"	5	63	62500
4	"	7	51	50000
5	"	9	39	37500
6	"	11	27	25000
7	"	13	15	12500
8	"	15	03	00000
9	"	16	90	87500
10	"	18	78	75000
1	188	1	88	00000
2	"	3	76	00000
3	"	5	64	00000
4	"	7	52	00000
5	"	9	40	00000
6	"	11	28	00000
7	"	13	16	00000
8	"	15	04	00000
9	"	16	92	00000
10	"	18	80	00000
1	188 1/8	1	88	12500
2	"	3	76	25000
3	"	5	64	37500
4	"	7	52	50000
5	"	9	40	62500
6	"	11	28	75000
7	"	13	16	87500
8	"	15	05	00000
9	"	16	93	12500
10	"	18	81	25000

Nomb. des Marcs	PRIX du Change.	VALEUR en — Fr	C	Fractions décimales
1	188 1/4	1	88	25000
2	"	3	76	50000
3	"	5	64	75000
4	"	7	53	00000
5	"	9	43	25000
6	"	11	29	50000
7	"	13	17	75000
8	"	15	06	00000
9	"	16	94	25000
10	"	18	82	50000
1	188 3/8	1	88	37500
2	"	3	76	75000
3	"	5	65	12500
4	"	7	53	50000
5	"	9	41	87500
6	"	11	30	25000
7	"	13	18	62500
8	"	15	07	00000
9	"	16	95	37500
10	"	18	83	75000
1	188 1/2	1	88	50000
2	"	3	77	00000
3	"	5	65	50000
4	"	7	54	00000
5	"	9	42	50000
6	"	11	31	00000
7	"	13	19	50000
8	"	15	08	00000
9	"	16	96	50000
10	"	18	85	00000
1	188 5/8	1	88	62500
2	"	3	77	25000
3	"	5	65	87500
4	"	7	54	50000
5	"	9	43	12500
6	"	11	31	75000
7	"	13	20	37500
8	"	15	09	00000
9	"	16	97	62500
10	"	18	86	25000
1	188 3/4	1	88	75000
2	"	3	77	50000
3	"	5	66	25000
4	"	7	55	00000
5	"	9	43	75000
6	"	11	32	50000
7	"	13	21	25000
8	"	15	10	00000
9	"	16	98	75000
10	"	18	87	50000
1	188 7/8	1	88	87500
2	"	3	77	75000
3	"	5	66	62500
4	"	7	55	50000
5	"	9	44	37500
6	"	11	33	25000
7	"	13	22	12500
8	"	15	11	00000
9	"	16	99	87500
10	"	18	88	75000

Avec **BORDEAUX, BAYONNE,** et autres places qui reçoivent 25 ³/₄ sous lubs plus ou moins pour 3 fr Réduction des Marcs de Banque en francs, depuis le change de 24 sous lubs pour 3 fr jusqu'à 27 ⁵/₁₆.

Nomb. des Marcs	PRIX du Change	VALEUR en Fr	C	Fractions décimales
1	24	2	00	00000
2	//	4	00	00000
3	//	6	00	00000
4	//	8	00	00000
5	//	10	00	00000
6	//	12	00	00000
7	//	14	00	00000
8	//	16	00	00000
9	//	18	00	00000
10	//	20	00	00000
1	24 1/16	1	99	48051
2	//	3	98	96103
3	//	5	98	44155
4	//	7	97	92207
5	//	9	97	40259
6	//	11	96	88311
7	//	13	96	36363
8	//	15	95	84415
9	//	17	95	32467
10	//	19	94	80519
1	24 1/8	1	98	96373
2	//	3	97	92716
3	//	5	96	89119
4	//	7	95	81592
5	//	9	94	81865
6	//	11	93	78238
7	//	13	92	74611
8	//	15	91	70984
9	//	17	90	67357
10	//	19	89	63730
1	24 3/16	1	98	44961
2	//	3	96	89922
3	//	5	95	34883
4	//	7	93	79844
5	//	9	92	24806
6	//	11	90	69767
7	//	13	89	14728
8	//	15	87	59689
9	//	17	86	04651
10	//	19	84	49612
1	24 1/4	1	97	93814
2	//	3	95	87628
3	//	5	93	81442
4	//	7	91	75257
5	//	9	89	69072
6	//	11	87	62886
7	//	13	85	56701
8	//	15	83	50515
9	//	17	81	44329
10	//	19	79	38144
1	24 5/16	1	97	42930
2	//	3	94	85861
3	//	5	92	28791
4	//	7	89	71722
5	//	9	87	14652
6	//	11	84	57583
7	//	13	82	00514
8	//	15	79	43444
9	//	17	76	86375
10	//	19	74	29305

Nomb. des Marcs	PRIX du Change	VALEUR en Fr	C	Fractions décimales
1	24 3/8	1	96	92307
2	//	3	93	84615
3	//	5	90	76923
4	//	7	87	69230
5	//	9	84	61538
6	//	11	81	53846
7	//	13	78	46153
8	//	15	75	38461
9	//	17	72	30769
10	//	19	69	23076
1	24 7/16	1	96	41943
2	//	3	92	83887
3	//	5	89	25831
4	//	7	85	67774
5	//	9	82	09718
6	//	11	78	51662
7	//	13	74	93606
8	//	15	71	35549
9	//	17	67	77492
10	//	19	64	19437
1	24 1/2	1	95	91836
2	//	3	91	83673
3	//	5	87	75510
4	//	7	83	67346
5	//	9	79	59183
6	//	11	75	51020
7	//	13	71	42857
8	//	15	67	34693
9	//	17	63	26530
10	//	19	59	18357
1	24 9/16	1	95	41961
2	//	3	90	83969
3	//	5	86	25954
4	//	7	81	67938
5	//	9	77	09923
6	//	11	72	51908
7	//	13	67	93893
8	//	15	63	35877
9	//	17	58	77862
10	//	19	54	19847
1	24 5/8	1	94	92385
2	//	3	89	84771
3	//	5	84	77157
4	//	7	79	69543
5	//	9	74	61928
6	//	11	69	54314
7	//	13	64	46700
8	//	15	59	36086
9	//	17	54	31472
10	//	19	49	23857
1	24 11/16	1	94	43337
2	//	3	88	86075
3	//	5	83	29113
4	//	7	77	72151
5	//	9	72	15189
6	//	11	66	58227
7	//	13	61	01265
8	//	15	55	44303
9	//	17	49	87341
10	//	19	44	30379

Nomb. des Marcs	PRIX du Change	VALEUR en Fr	C	Fractions décimales
1	24 3/4	1	93	93939
2	//	3	87	87878
3	//	5	81	81818
4	//	7	75	75757
5	//	9	69	69696
6	//	11	63	63636
7	//	13	57	57575
8	//	15	51	51515
9	//	17	45	45454
10	//	19	39	39393
1	24 13/16	1	93	45088
2	//	3	86	90176
3	//	5	80	35264
4	//	7	73	80352
5	//	9	67	25440
6	//	11	60	70528
7	//	13	54	15617
8	//	15	47	60705
9	//	17	41	05793
10	//	19	34	50881
1	24 7/8	1	92	96482
2	//	3	85	92964
3	//	5	78	89447
4	//	7	71	85929
5	//	9	64	82412
6	//	11	57	78894
7	//	13	50	75376
8	//	15	43	71859
9	//	17	36	68341
10	//	19	29	64824
1	24 15/16	1	92	48120
2	//	3	84	96241
3	//	5	77	44360
4	//	7	69	92481
5	//	9	62	40601
6	//	11	54	88721
7	//	13	47	36842
8	//	15	39	84962
9	//	17	32	33082
10	//	19	24	81203
1	25	1	92	00000
2	//	3	84	00000
3	//	5	76	00000
4	//	7	68	00000
5	//	9	60	00000
6	//	11	52	00000
7	//	13	44	00000
8	//	15	36	00000
9	//	17	28	00000
10	//	19	20	00000
1	25 1/16	1	91	52119
2	//	3	83	04239
3	//	5	74	56359
4	//	7	66	08478
5	//	9	57	60598
6	//	11	49	12718
7	//	13	40	64837
8	//	15	32	16957
9	//	17	23	69077
10	//	19	15	21197

Avec **BORDEAUX, BAYONNE,** et autres places qui reçoivent 25 ⁵/₄ sous lubs plus ou moins pour 3 fr.—Réduction des Marcs de Banque en Francs, depuis le change de 24 sous lubs pour 3 fr jusqu'à 27 ⁵/₁₆

Nomb. des Marcs	PRIX du Change.	VALEUR en Fr. C.	Fractions décimales.
1	25 1/8	1.91.04477	le S. v. 1le 946/1000, le dr. 903/1000
2	"	3.82 08955	
3	"	5.73.13432	
4	"	7.64.17910	
5	"	9.55.22388	
6	"	11.46.26865	
7	"	13.37.31343	
8	"	15.28.35820	
9	"	17.19.40298	
10	"	19.10.44776	
1	25 3/16	1.90.57071	le S. v. 1le 910/1000, le dr. 998/1000
2	"	3.81.14143	
3	"	5.71.71215	
4	"	7.62.28287	
5	"	9.52.85359	
6	"	11.43.42431	
7	"	13.33.99503	
8	"	15.24.56575	
9	"	17.15.13647	
10	"	19.05.70719	
1	25 1/4	1.90.09900	le S. v. 1le 881/1000, le dr. 990/1000
2	"	3 80.19801	
3	"	5.70.29702	
4	"	7.60.39603	
5	"	9 50.49504	
6	"	11.40.59405	
7	"	13 30.69306	
8	"	15.20.79207	
9	"	17 10 89108	
10	"	19.00.99000	
1	25 5/16	1.89.62962	le S. v. 1le 830/1000, le dr. 937/1000
2	"	3.79.25925	
3	"	5.68.88888	
4	"	7.58.51851	
5	"	9.48.14814	
6	"	11.37.77777	
7	"	13.27.40740	
8	"	15.17.03703	
9	"	17.06.66666	
10	"	18.96.29629	
1	25 3/8	1.89.16256	le S. v. 1le 892/1000, le dr. 985/1000
2	"	3.78.32512	
3	"	5.67.48768	
4	"	7.56.65024	
5	"	9.45.81280	
6	"	11.34.97536	
7	"	13.24.13793	
8	"	15.13.30049	
9	"	17.02.46305	
10	"	18.91.62561	
1	25 7/16	1.88.69778	le S. v. 1le 793/1000, le dr. 989/1000
2	"	3.77.39557	
3	"	5.66.09336	
4	"	7.54.79115	
5	"	9.43.48894	
6	"	11.32.18673	
7	"	13.20.88452	
8	"	15.09.58230	
9	"	16.98.28009	
10	"	18.86.97788	

Nomb. des Marcs	PRIX du Change.	VALEUR en Fr. C.	Fractions décimales.
1	25 1/2	1.88.23529	le S. v. 1le 764/1000, le dr. 980/1000
2	"	3.76 47058	
3	"	5.64 70588	
4	"	7 52 94117	
5	"	9.41.17647	
6	"	11.29.41176	
7	"	13.17.64705	
8	"	15.05.88235	
9	"	16.94.11764	
10	"	18.82.35294	
1	25 9/16	1.87.77506	le S. v. 1le 734/1000, le dr. 918/1000
2	"	3.75.55012	
3	"	5.63.32518	
4	"	7.51.10024	
5	"	9.38.87530	
6	"	11.26.65036	
7	"	13.14.42542	
8	"	15.02.20048	
9	"	16.89.97555	
10	"	18.77.75061	
1	25 5/8	1.87.31707	le S. v. 1le 707/1000, le dr. 975/1000
2	"	3.74.63414	
3	"	5.61.95121	
4	"	7.49.26829	
5	"	9.36.58536	
6	"	11.23.90242	
7	"	13 11.21951	
8	"	14.98.53658	
9	"	16.85.85365	
10	"	18.73.17073	
1	25 11/16	1.86.86131	le S. v. 1le 678/1000, le dr. 973/1000
2	"	3.73.72262	
3	"	5.60.58394	
4	"	7.47.44525	
5	"	9.34.30656	
6	"	11.21.16788	
7	"	13.08.02919	
8	"	14.94.89051	
9	"	16.81.75182	
10	"	18.68.61313	
1	25 3/4	1.86.40776	le S. v. 1le 650/1000, le dr. 970/1000
2	"	3.72.81553	
3	"	5.59.22330	
4	"	7.45.63106	
5	"	9.32.03883	
6	"	11.28.44660	
7	"	13.04.85436	
8	"	14.91.26213	
9	"	16.77.66990	
10	"	18.64.07767	
1	25 13/16	1.85.95641	le S. v. 1le 622/1000, le dr. 968/1000
2	"	3.71.91283	
3	"	5.57.86924	
4	"	7 43.82566	
5	"	9.29.78208	
6	"	11.15.73849	
7	"	13.01.69491	
8	"	14.87.65133	
9	"	16 73.60774	
10	"	18.59.56416	

Nomb. des Marcs	PRIX du Change.	VALEUR en Fr. C.	Fractions décimales.
1	25 7/8	1 85.50724	le S. v. 1le 594/1000, le dr. 966/1000
2	"	3.71.01449	
3	"	5.56.52173	
4	"	7.42.02898	
5	"	9.27.53623	
6	"	11.13.04347	
7	"	12.98.55072	
8	"	14.84.05797	
9	"	16.69.56521	
10	"	18.55.07246	
1	25 15/16	1 85.06024	le S. v. 1le 562/1000, le dr. 963/1000
2	"	3.70.12048	
3	"	5.55.18072	
4	"	7.40.24096	
5	"	9.25.30120	
6	"	11.10.36144	
7	"	12.95.42168	
8	"	14.80.48192	
9	"	16.65.54216	
10	"	18.50.60240	
1	26	1.84.61538	le S. v. 1le 538/1000, le dr. 901/1000
2	"	3.69.23076	
3	"	5.53.84615	
4	"	7.38.46153	
5	"	9.23.07692	
6	"	11.07.69230	
7	"	12.92.30769	
8	"	14.76.92307	
9	"	16.61.53846	
10	"	18.46.15384	
1	26 1/16	1.84.17266	le S. v. 1le 510/1000, le dr. 919/1000
2	"	3.68.34532	
3	"	5.52.51798	
4	"	7.36.69064	
5	"	9.20.86330	
6	"	11.05.03597	
7	"	12.89.20862	
8	"	14.73.38128	
9	"	16.57.55394	
10	"	18.41.72660	
1	26 1/8	1.83.73205	le S. v. 1le 485/1000, le dr. 957/1000
2	"	3 67.46411	
3	"	5.51.19617	
4	"	7.34.92822	
5	"	9.18.66028	
6	"	11.02.30234	
7	"	12.86.12440	
8	"	14.69.85645	
9	"	16.53.58851	
10	"	18.37.32057	
1	26 3/16	1.83.29356	le S. v. 1le 435/1000, le dr. 956/1000
2	"	3.66.58711	
3	"	5.49.88066	
4	"	7.33.17422	
5	"	9.16.46778	
6	"	10.99.76133	
7	"	12.83.05489	
8	"	14.66.34814	
9	"	16.49.64200	
10	"	18.32.93556	

Avec **BORDEAUX, BAYONNE,** et autres places qui reçoivent 25 ³/₄ sous lubs plus ou moins pour 3 fr —Réduction des Marcs de Banque en Francs, depuis le change de 24 sous lubs pour 3 fr jusqu'à 27 ⁵/₁₆

Nomb des Marcs	PRIX du Change	VALEUR en Fr. C. Fractions décimales
1	26 1/4	1.82.85714
2	"	3.65.71428
3	"	5.48.57142
4	"	7.31.42857
5	"	9.14.28571
6	"	10 97.14285
7	"	12.80.00000
8	"	14.62 85714
9	"	16.45 71428
10	"	18.28.57142
1	26 5/16	1.82.42280
2	"	3.64 84560
3	"	5.47.26840
4	"	7.29.69121
5	"	9.12.11401
6	"	10 94.53681
7	"	12.76.95961
8	"	14.59 38242
9	"	16.41.80522
10	"	18 24.22802
1	26 3/8	1 81.99052
2	"	3 63.98104
3	"	5 45 97156
4	"	7.27 96208
5	"	9.09.95260
6	"	10.91.94312
7	"	12.73 93364
8	"	14.55 92417
9	"	16.37 91469
10	"	18.19 90521
1	26 7/16	1.81 56028
2	"	3 63 12056
3	"	5.44 08085
4	"	7.26.24113
5	"	9.07 80141
6	"	10.89.36170
7	"	12.70.92198
8	"	11.52.48226
9	"	16.34 04255
10	"	18.15.60283
1	26 1/2	1.81.13207
2	"	3 62.26415
3	"	5.43.39622
4	"	7 24.52830
5	"	9.05.66037
6	"	10.86.79245
7	"	12.67.92452
8	"	14.49.05660
9	"	16.30 18867
10	"	18 11 32075
1	26 9/16	1.80.70588
2	"	3 61.41176
3	"	5.42.11764
4	"	7.22 82352
5	"	9 03 52941
6	"	10.84.23529
7	"	12 64 94117
8	"	14 45 64705
9	"	16.26.35294
10	"	18.07 05882

Nomb des Marcs	PRIX du Change	VALEUR en Fr. C. Fractions décimales
1	26 5/8	1.80.28169
2	"	3.60.56338
3	"	5.40.84507
4	"	7.21 12676
5	"	9 01.40845
6	"	10.81 69014
7	"	12.61 97183
8	"	14.42.25352
9	"	16.22.53521
10	"	18.02 81690
1	26 11/16	1 79.85948
2	"	3.59 71896
3	"	5.39 57845
4	"	7.19.43793
5	"	8.99.29742
6	"	10.79.15690
7	"	12 59.01639
8	"	14 38.87587
9	"	16.18 73536
10	"	17 98 59484
1	26 3/4	1 79.43925
2	"	3 58.87850
3	"	5 38 31775
4	"	7 17 75700
5	"	8 97 19626
6	"	10.76.63551
7	"	12 56 07476
8	"	14 35 51401
9	"	16.14.95327
10	"	17 94 39252
1	26 13/16	1 79 02097
2	"	3.58.04195
3	"	5 37 06293
4	"	7 16 08391
5	"	8 95.10489
6	"	10.74 12587
7	"	12 53.14685
8	"	14 32 16783
9	"	16.11 18881
10	"	17 90.20979
1	26 7/8	1 78 60465
2	"	3 57.20930
3	"	5 35.81395
4	"	7 14.41860
5	"	8 93.02325
6	"	10.71.62790
7	"	12 50.23255
8	"	14.28 83720
9	"	16.07.44185
10	"	17.86.04651
1	26 15/16	1 78.19025
2	"	3.56.38051
3	"	5 34.57076
4	"	7 12.76102
5	"	8 90 95127
6	"	10 69 14153
7	"	12 47 33178
8	"	14.25.52204
9	"	16.03 71229
10	"	17.81 90255

Nomb des Marcs	PRIX du Change	VALEUR en Fr. C. Fractions décimales
1	27	1.77.77777
2	"	3 55.55555
3	"	5 33.33333
4	"	7.11.11111
5	"	8 88.88888
6	"	10.66 66666
7	"	12.44.44444
8	"	14 22.22222
9	"	16.00.00000
10	"	17.77.77777
1	27 1/16	1.77.36720
2	"	3.54.73441
3	"	5 32.10161
4	"	7 09 46882
5	"	8 86 83602
6	"	10.64 20323
7	"	12 41.57043
8	"	14.18.93764
9	"	15 96 30484
10	"	17.73 67205
1	27 1/8	1.76 95852
2	"	3.53 91705
3	"	5.30.87557
4	"	7.07 83410
5	"	8.84.79262
6	"	10 61.75115
7	"	12 38.70967
8	"	14 15.66820
9	"	15.92.62672
10	"	17.69.58525
1	27 3/16	1.76.55172
2	"	3 53 10344
3	"	5.29 65517
4	"	7.06.20689
5	"	8 82.75862
6	"	10.59.31034
7	"	12.35.86206
8	"	14.12.41379
9	"	15 88 96551
10	"	17 65.51724
1	27 1/4	1 76.14678
2	"	3 52 29357
3	"	5.28.44036
4	"	7.04 58715
5	"	8 80 73394
6	"	10.56 88073
7	"	12 33 02752
8	"	14 09.17431
9	"	15.85.32110
10	"	17 61 46788
1	27 5/16	1 75.74370
2	"	3.51.48741
3	"	5.27 23112
4	"	7.02 97482
5	"	8.78.71853
6	"	10.54.46224
7	"	12.30.20594
8	"	14.05.94965
9	"	15 81.69336
10	"	17 57.43707

AMSTERDAM.

Réduction des Florins courants en Francs, depuis le change de 56 ¹/₈ deniers de gios pour 3 fr , jusqu'à 59 ⁷/₁₆

Nombre des Florins.	PRIX du Change.	VALEUR en Fr. C. Tract. décimal	Nombre des Florins.	PRIX du Change.	VALEUR en Fr C Tract. décimal	Nombre des Florins.	PRIX du Change.	VALEUR en Fr C Tract. décimal
1	56 1/8	2.13.80846	1	56 1/2	2.12.38938	1	56 7/8	2.10.98901
2	"	4.27.61692	2	"	4.24.77876	2	"	4.21.97802
3	"	6.41.42538	3	"	6.37.16814	3	"	6 32.96703
4	"	8.55.23385	4	"	8.49.55752	4	"	8.43.95604
5	"	10.69.04234	5	"	10.61.94690	5	"	10 54.94505
6	"	12.82.85077	6	"	12.74 33628	6	"	12 65.93406
7	"	14.96.65924	7	"	14.86 72566	7	"	14.76.92307
8	"	17.10 46770	8	"	16.99.11504	8	"	16.87 91208
9	"	19.24.27616	9	"	19.11 50442	9	"	18 98.90109
10	"	21.38 08463	10	"	21.23.89380	10	"	21.09 89010
1	56 3/16	2.13.57063	1	56 9/16	2.12 13469	1	56 15/16	2 10.75740
2	"	4.27.14127	2	"	4.24 30939	2	"	4.21.51481
3	"	6.40.71190	3	"	6.36.16408	3	"	6.32 27222
4	"	8.54.28253	4	"	8 48 61878	4	"	8 43.02963
5	"	10 67.85317	5	"	10 60 77348	5	"	10 53 78704
6	"	12.81 42380	6	"	12.72 92817	6	"	12 64 54445
7	"	14.94.99443	7	"	14.85 08287	7	"	14 75.30186
8	"	17 08.56507	8	"	16.97.23756	8	"	16.86 05927
9	"	19 22.13570	9	"	19.09.39226	9	"	18.96 81668
10	"	21.35.70634	10	"	21.21 54696	10	"	21.07 57409
1	56 1/4	2.13.33333	1	56 5/8	2.11 92032	1	57	2.10 52631
2	"	4.26.66666	2	"	4.23.84105	2	"	4 21.05263
3	"	6.40.00000	3	"	6.35 76158	3	"	6 31.57894
4	"	8.53 33333	4	"	8.47.68211	4	"	8.42 10526
5	"	10 66.66666	5	"	10 59.60264	5	"	10 52 63157
6	"	12.80 00000	6	"	12 71 52317	6	"	12 63 15789
7	"	14 93.33333	7	"	14.83.44370	7	"	14 73.68421
8	"	17.06.66666	8	"	16 95.36423	8	"	16.84.21052
9	"	19.20 00000	9	"	19 07 28476	9	"	18 94 73684
10	"	21 33.33333	10	"	21.19.20529	10	"	21.05.26315
1	56 5/16	2.13.09655	1	56 11/16	2 11.68687	1	57 1/16	2.10 29572
2	"	4 26.19311	2	"	4 23 37375	2	"	4.20.59145
3	"	6.39.28967	3	"	6 35 06063	3	"	6.30.88718
4	"	8.52.38623	4	"	8.46.74751	4	"	8.41.18291
5	"	10.65.48279	5	"	10.58.43439	5	"	10.51 47864
6	"	12.78.57935	6	"	12.70 12127	6	"	12 61.77437
7	"	14.91 67591	7	"	14.81 80815	7	"	14.72 07009
8	"	17.04.77247	8	"	16 93 49503	8	"	16.82 36582
9	"	19.17 86903	9	"	19 05.18191	9	"	18 92.66155
10	"	21.30 96559	10	"	21.16 86879	10	"	21 02.95728
1	56 3/8	2.12.86031	1	56 3/4	2.11.45374	1	57 1/8	2.10.06564
2	"	4 25 72062	2	"	4.22.90748	2	"	4 20 13129
3	"	6.38.58093	3	"	6.34.36123	3	"	6 30.19693
4	"	8 51.44124	4	"	8 45 81497	4	"	8.40.26258
5	"	10.61.30155	5	"	10 57.26872	5	"	10.50.32822
6	"	12.77.16187	6	"	12 68.72246	6	"	12.60.39387
7	"	14.90.02217	7	"	14.80.17621	7	"	14 70.45951
8	"	17.02.88248	8	"	16 91.62995	8	"	16.80.52516
9	"	19 15.74279	9	"	19 03.08370	9	"	18.90.59080
10	"	21.28.60310	10	"	21.14.53744	10	"	21 00 65645
1	56 7/16	2.12.62458	1	56 13/16	2.11.22112	1	57 3/16	2.09 83606
2	"	4.25.24916	2	"	4.22.44224	2	"	4.19.67213
3	"	6 37.87375	3	"	6.33 66336	3	"	6 29.50819
4	"	8.50.49833	4	"	8.44 88449	4	"	8.39.34426
5	"	10.63.12292	5	"	10 56.10561	5	"	10.49.18032
6	"	12.75.74750	6	"	12.67.32673	6	"	12.59 01639
7	"	14.88.37209	7	"	14 78 54786	7	"	14 68.85245
8	"	17.00.99667	8	"	16 89 76898	8	"	16 78 68852
9	"	19.13.62126	9	"	19 00 99010	9	"	18 88.52459
10	"	21.26.24584	10	"	21.12.21123	10	"	20.98.36065

Réduction des Florins courants en Francs, depuis le change de 56 ⅛ deniers de gros pour 3 fr. jusqu'à 59 ⁷/₁₆.

Nombre des Florins.	PRIX du Change	VALEUR en (Fr C Fracts. décimal.)	Nombre des Florins	PRIX du Change.	VALEUR en (Fr C Fracts. décimal.)	Nombre des Florins	PRIX du Change	VALEUR en (Fr C Fracts. décimal.)
1	57 1/4	2.09.60698	1	57 5/8	2.08.24295	1	58	2.06.89655
2	"	4.19.21397	2	"	4.16 48590	2	"	4.13.79310
3	"	6 28.82096	3	"	6 24 72885	3	"	6.20.68965
4	"	8 38.42794	4	"	8 32.97180	4	"	8 27 58620
5	"	10.48.03493	5	"	10 41.21475	5	"	10 34.48275
6	"	12 57.64192	6	"	12.49 45770	6	"	12 41 37931
7	"	14.67 24890	7	"	14 57 70065	7	"	14 48.27586
8	"	16.76.85589	8	"	16 65 94360	8	"	16.55 17241
9	"	18.86.46288	9	"	18 74 18655	9	"	18 62 06896
10	"	20 96 06986	10	"	20 82 42950	10	"	20 68 96551
1	57 5/16	2 09.37840	1	57 11/16	2 08 01733	1	58 1/16	2.06 67384
2	"	4.18.75681	2	"	4.16.03466	2	"	4 13.34768
3	"	6.28 13522	3	"	6 24.05200	3	"	6.20 02152
4	"	8.37.51363	4	"	8 32.06933	4	"	8.26.69537
5	"	10.46.89203	5	"	10 40 08667	5	"	10.33.36921
6	"	12.56 27044	6	"	12.48.10400	6	"	12.40 04305
7	"	14 65.64885	7	"	14.56.12134	7	"	14.46.71689
8	"	16 75.02726	8	"	16.64.13867	8	"	16 53 39074
9	"	18 84 40567	9	"	18 72 15601	9	"	18.60.06458
10	"	20 93.78407	10	"	20 80.17334	10	"	20 66.73842
1	57 3/8	2 09.15032	1	57 3/4	2 07.79220	1	58 1/8	2.06.45161
2	"	4 18.30065	2	"	4 15 58541	2	"	4.12.90322
3	"	6 27.45098	3	"	6 23 37662	3	"	6 19 35483
4	"	8 36 60130	4	"	8 31.16883	4	"	8.25.80645
5	"	10.45 75163	5	"	10 38 96103	5	"	10.32.25806
6	"	12.54 90196	6	"	12.46 75324	6	"	12.38 70967
7	"	14 64.05228	7	"	14.54.54545	7	"	14 43.16128
8	"	16 73.20261	8	"	16 62 33766	8	"	16 51.61290
9	"	18 82 35294	9	"	18 70 12987	9	"	18.58 06451
10	"	20.91.50326	10	"	20 77.92207	10	"	20.64.51612
1	57 7/16	2 08.92274	1	57 13/16	2 07.56756	1	58 3/16	2.06.22986
2	"	4 17 84548	2	"	4 15 13513	2	"	4.12.45972
3	"	6 26.76822	3	"	6 22.70270	3	"	6.18.68958
4	"	8 35 69096	4	"	8 30.27027	4	"	8 24.91944
5	"	10.44 61371	5	"	10 37.83783	5	"	10 31 14930
6	"	12.53 53645	6	"	12.45 40540	6	"	12.37.37916
7	"	14 62 45919	7	"	14 52 97297	7	"	14 43.60902
8	"	16.71.38193	8	"	16 60.54054	8	"	16.49.83888
9	"	18 80 30467	9	"	18.68 10810	9	"	18.56.06874
10	"	20 89.22742	10	"	20 75.67567	10	"	20 62.29860
1	57 1/2	2 08.69565	1	57 7/8	2.07.34341	1	58 1/4	2 06.00858
2	"	4 17 39130	2	"	4.14.68682	2	"	4 12.01716
3	"	6 26 08695	3	"	6 22.03023	3	"	6.18 02575
4	"	8 34 78260	4	"	8 29.37365	4	"	8 24.03433
5	"	10.43.47826	5	"	10 36 71706	5	"	10.30.04291
6	"	12 52 17391	6	"	12.44 06047	6	"	12.36.05150
7	"	14 60 86956	7	"	14.51 40388	7	"	14 42.06008
8	"	16 69.56521	8	"	16 58.74730	8	"	16.48 06866
9	"	18 78.26086	9	"	18.66 09071	9	"	18.54.07725
10	"	20.86.95652	10	"	20.73 43412	10	"	20.60.08583
1	57 9/16	2.08.46905	1	57 15/16	2.07.11974	1	58 5/16	2.05 78778
2	"	4.16 93811	2	"	4.14.23948	2	"	4.11.57556
3	"	6 25.40716	3	"	6.21 35922	3	"	6.17.36334
4	"	8 33.87622	4	"	8 28.47896	4	"	8.23.15112
5	"	10.42.34527	5	"	10.35 59870	5	"	10.28 93890
6	"	12 50 81433	6	"	12.42 71844	6	"	12.34 72668
7	"	14.59 28338	7	"	14.49 83818	7	"	14.40.51446
8	"	16 67 75244	8	"	16 56 95792	8	"	16.46.30225
9	"	18 76 22149	9	"	18.64.07766	9	"	18.52.09003
10	"	20 84 69055	10	"	20 71 19741	10	"	20.57.87781

AMSTERDAM.

Réduction des Florins courants en Francs, depuis le change de 56 ¹/₈ deniers de gros pour 3 fr. jusqu'à 59 ⁷/₁₆.

Nombre des Florins.	PRIX du Change.	VALEUR en Fr. C. Fract décimal	Nombre des Florins.	PRIX du Change.	VALEUR en Fr. C. Fract décimal	Nombre des Florins.	PRIX du Change.	VALEUR en Fr. C. Fract décimal
1	58 3/8	2 05 56745	1	58 3/4	2 04 25531	1	59 1/8	2.02.95983
2	"	4 11.13490	2	"	4 08.51063	2	"	4.05.91966
3	"	6.16 70235	3	"	6.12.76595	3	"	6.08.87949
4	"	8.22.26980	4	"	8 17.02127	4	"	8.11 83932
5	"	10.27.83725	5	"	10 21 27659	5	"	10 14.79915
6	"	12.33.40471	6	"	12.25.53191	6	"	12.17 75898
7	"	14.38 97216	7	"	14 29 78723	7	"	14.20.71881
8	"	16.44.53961	8	"	16.34.04255	8	"	16 23.07864
9	"	18.50.10706	9	"	18 38.29787	9	"	18.26 63847
10	"	20.55.67451	10	"	20 42 55319	10	"	20 29.59830
1	58 7/16	2 05.34759	1	58 13/16	2 04.03825	1	59 3/16	2 02.74551
2	"	4.10.69518	2	"	4.08.07651	2	"	4.55.49102
3	"	6.16.04278	3	"	6 12.11477	3	"	6.08 23653
4	"	8 21.39037	4	"	8 16 15302	4	"	8 10 98204
5	"	10.26.73796	5	"	10.20.19128	5	"	10.13 72756
6	"	12.32.08556	6	"	12.24.22954	6	"	12.16.47307
7	"	14.37.43315	7	"	14.28.26780	7	"	14 19.21858
8	"	16.42.78074	8	"	16 32.30605	8	"	16 21 96409
9	"	18.48.12834	9	"	18 36.34431	9	"	18 24.70960
10	"	20.53 47593	10	"	20.40.38257	10	"	20.27.45512
1	58 1/2	2.05 12820	1	58 7/8	2.03 82165	1	59 1/4	2.02 53164
2	"	4.10.25641	2	"	4.07.64331	2	"	4.05 06329
3	"	6.15.38461	3	"	6 11.46196	3	"	6.07 59492
4	"	8.20 51282	4	"	8 15.28662	4	"	8.10.12658
5	"	10.25.64102	5	"	10.10.10828	5	"	10.12.65822
6	"	12.30.76923	6	"	12 22 92993	6	"	12.15.18987
7	"	14 35.89743	7	"	14.26 75139	7	"	14.17 72151
8	"	16.41 02564	8	"	16 30 57324	8	"	16 20.25316
9	"	18 46 15384	9	"	18 34.39490	9	"	18.22.78181
10	"	20.51.28205	10	"	20.38.21656	10	"	20.25 31645
1	58 9/16	2.04.90928	1	58 15/16	2.03 60551	1	59 5/16	2.02.31822
2	"	4.09 81856	2	"	4 07 21102	2	"	4.04.63645
3	"	6.14.72785	3	"	6.10 81654	3	"	6.06 95468
4	"	8.19.63713	4	"	8 14 42205	4	"	8.09 27291
5	"	10.24.54642	5	"	10 18 02757	5	"	10.11.59114
6	"	12.29 45570	6	"	12 21 63308	6	"	12.13.90937
7	"	14 34.36499	7	"	14 25 23860	7	"	14.16.22760
8	"	16.39.27427	8	"	16.28.84411	8	"	16.18.54583
9	"	18.44.18356	9	"	18 32.44962	9	"	18 20 86406
10	"	20.49.09284	10	"	20.36.05514	10	"	20 23.18229
1	58 5/8	2.04.69083	1	50	2.03 38983	1	59 3/8	2.02.10526
2	"	4.09.38166	2	"	4.06.77966	2	"	4 04.21052
3	"	6.14.07249	3	"	6 10.16949	3	"	6.06.31578
4	"	8.18 76332	4	"	8 13.55932	4	"	8 08.42105
5	"	10 23.45415	5	"	10.16 94915	5	"	10.10.52631
6	"	12.28.14498	6	"	12.20.33898	6	"	12.12 63157
7	"	14.32.83582	7	"	14.23.72881	7	"	14.14.73684
8	"	16 37.52665	8	"	16.27 11864	8	"	16 16.84210
9	"	18 42 21748	9	"	18.30 50847	9	"	18 18.94736
10	"	20 46 90831	10	"	20.33.89830	10	"	20.21 05263
1	58 11/16	2.04.47284	1	59 1/16	2 03.17460	1	59 7/16	2 01.89274
2	"	4.08.94568	2	"	4.06 34920	2	"	4.03 78548
3	"	6.13.41853	3	"	6.99.52380	3	"	6.05.67823
4	"	8.17.89137	4	"	8.12.69841	4	"	8.07.57097
5	"	10 22.36421	5	"	10.15.87301	5	"	10 09 46372
6	"	12 26.83706	6	"	12.19.04761	6	"	12.11.35646
7	"	14.31.30990	7	"	14.22.22222	7	"	14 13.24921
8	"	16 35.78274	8	"	16.25.39682	8	"	16 15 14195
9	"	18.40.25559	9	"	18.28.57142	9	"	18 17.03470
10	"	20.44.72843	10	"	20.31.74603	10	"	20.18.92744

Réduction des Reaux de Veillon en Francs, depuis le change de 15 fr. 20 c pour 1 pistole, jusqu'à 16 fr 52 c ¹/₂

Nombre des Réaux de Veillon	PRIX du Change	VALEUR en (Fr · C · Fractˢ décimal)	Nombre des Réaux de Veillon	PRIX du Change	VALEUR en (Fr · C · Fractˢ décimal)	Nombre des Réaux de Veillon	PRIX du Change	VALEUR en (Fr · C · Fractˢ décimal)
1	15 20	" 25 23437	1	15.35	" 25.48339	1	15.50	".25.73242
2	"	".50.46875	2	"	".50.96679	2	"	".51.46484
3	"	".75.70312	3	"	".76.45019	3	"	".77.19726
4	"	1 00.93750	4	"	1.01 93359	4	"	1.02.92968
5	"	1 26.17187	5	"	1.27.41699	5	"	1.28.66210
6	'	1.51.40625	6	"	1.52.90039	6	"	1 54.39453
7	"	1 76 64062	7	"	1.78.38378	7	"	1.80.12695
8	"	2.01.87500	8	"	2 03.86718	8	"	2.05.85937
9	"	2.27.10937	9	"	2 29.35058	9	"	2.31.59179
10	"	2.52.34374	10	"	2 54.83397	10	"	2.57.32421
1	15 22 1/2	".25.27587	1	15.37 1/2	" 25.52490	1	15.52 1/2	".25.77392
2	"	".50.55175	2	"	" 51.04980	2	"	".51.54785
3	"	" 75.82763	3	"	" 76 57170	3	"	".77 32177
4	"	1.01.10351	4	"	1.02.09960	4	"	1.03.09570
5	"	1.26.37939	5	"	1 27 62451	5	"	1 28.86962
6	"	1 51.65527	6	"	1.53 14941	6	"	1.54.64355
7	"	1.76 93115	7	"	1.78.67431	7	"	1 80.41748
8	"	2 02 20703	8	"	2.04.19921	8	"	2 06 19140
9	"	2.27.48291	9	"	2.29 72412	9	"	2.31 96533
10	"	2.52 75878	10	"	2.55 24902	10	"	2.57.73925
1	15.25	".25.31738	1	15.40	" 25.56640	1	15.55	".25.81542
2	"	".50.63476	2	"	" 51.13281	2	"	".51 63085
3	"	" 75.95214	3	"	".76.69921	3	"	".77 44628
4	"	1.01.26953	4	"	1 02 26562	4	"	1 03 26171
5	"	1.26.58691	5	"	1.27 83203	5	"	1.29 07714
6	"	1.51.90429	6	"	1.53.39843	6	"	1.54 89257
7	"	1 77.22167	7	"	1 78 96484	7	"	1.80.70805
8	"	2.02.53906	8	"	2.04.53125	8	"	2.06.52343
9	"	2.27 85644	9	"	2.30 09765	9	"	2.32 33886
10	"	2.53.17382	10	"	2.55 66405	10	"	2.58 15428
1	15 27 1/2	".25.35888	1	15.42 1/2	".25.60791	1	15 57 1/2	".25.85693
2	"	".50 71777	2	"	".51.21582	2	"	".51.71386
3	"	".76 07666	3	"	".76.82373	3	"	" 77.57080
4	"	1.01.43554	4	"	1 02.43164	4	"	1.03 42773
5	"	1.26.79443	5	"	1.28.03955	5	"	1.29.28466
6	"	1.52.15332	6	"	1.53.64746	6	"	1.55 14160
7	"	1 77 51220	7	"	1.79.25537	7	"	1 80.99853
8	"	2.02.87109	8	"	2 01.86328	8	"	2.06.85546
9	"	2.28 22998	9	"	2 30.47119	9	"	2.32 71240
10	"	2.53.58886	10	"	2.56.07910	10	"	2.58.56933
1	15.30	".25.40039	1	15.45	".25.64941	1	15.60	".25.89843
2	"	".50 80078	2	"	".51.29882	2	"	".51.79687
3	"	" 76 20117	3	"	".76 94824	3	"	".77.69531
4	"	1.01.60156	4	"	1.02.59765	4	"	1.03.59375
5	"	1.27.00195	5	"	1 28.24707	5	"	1.29.49218
6	"	1.52.40234	6	"	1 53 89648	6	"	1.55.39062
7	"	1 77 80273	7	"	1.79.54589	7	"	1.81.28906
8	"	2 05 20312	8	"	2 05.19531	8	"	2.07.18750
9	"	2.28 60351	9	"	2.30.84472	9	"	2 33 08593
10	"	2.54.00390	10	"	2.56.49413	10	"	2 58.98436
1	15 32 1/2	".25 41189	1	15.47 1/2	" .25.69091	1	15.62 1/2	".25.93994
2	"	".50.88378	2	"	".51.38183	2	"	".51.87988
3	"	".76.32568	3	"	" 77 07275	3	"	".77.81982
4	"	1.01.76757	4	"	1 02.76367	4	"	1.03.75976
5	"	1.27.20947	5	"	1.28.45458	5	"	1 29.69970
6	"	1 52 65136	6	"	1 54.14550	6	"	1 55.63964
7	"	1.78.09326	7	"	1.79 83642	7	"	1.81.57958
8	"	2 03 53515	8	"	2.05.59734	8	"	2.07.51953
9	"	2.28 97705	9	"	2.31.21826	9	"	2.33.45947
10	"	2 54 41894	10	"	2 56.90917	10	"	2.59.39941

ESPAGNE.

Réduction des Réaux de Veillon en Francs, depuis le change de 15 fr 20 c pour 1 pistole, jusqu'à 16 fr 52 c ½

Nombre des Réaux de Veillon	PRIX du Change	VALEUR en (Fr C Tract décimal)	Nombre des Réaux de Veillon	PRIX du Change	VALEUR en (Fr C Tract décimal)	Nombre des Réaux de Veillon	PRIX du Change	VALEUR en (Fr C Tract décimal)
1	15 65	" 25 98144	1	15.80	" .26.23046	1	15.95	" .26.47949
2	" .	" .51.96289	2	"	" 52 46093	2	"	" .52.95898
3	"	" .77.94433	3	"	" .78.69140	3	"	" .79.43847
4	"	1 03.92578	4	"	1 04.92187	4	"	1 05.91796
5	"	1.29.90722	5	"	1.31.15234	5	"	1.32.39746
6	"	1.53.88867	6	"	1 57 38281	6	"	1 58.87695
7	"	1.81.87011	7	"	1:83.61328	7	"	1 85.35644
8	"	2 07 85156	8	"	2 09.84375	8	"	2.11.83593
9	"	2 33.83300	9	"	2.36 07421	9	"	2.38.31542
10	"	2.59.81444	10	"	2.62 30467	10	"	2.64 79491
1	15 67 1/2	" 26.02294	1	15 82 1/2	" .26.27197	1	15 97 1/2	" .26.52099
2	"	" 52.04589	2	"	" 52 54394	2	"	" 53.04199
3	"	" .78 06884	3	"	" 78 81591	3	"	" 79.56298
4	"	1.04.09179	4	"	1 05.08789	4	"	1 06.08398
5	"	1.30 11474	5	"	1.31.35986	5	"	1.32 60498
6	"	1.56.13769	6	"	1.57.63183	6	"	1.59.12597
7	"	1.82.16064	7	"	1.83.90380	7	"	1.85.64697
8	"	2.08.18359	8	"	2.10.17578	8	"	2 12 16796
9	"	2.34.20654	9	"	2.36 44775	9	"	2.38.68896
10	"	2.60 22948	10	"	2 62.71972	10-	"	2 65.20995
1	15.70	" .26 06445	1	15.85	" 26 31347	1	16	" .26.56250
2	"	" .52.12890	2	"	" 52.62695	2	"	" .53.12500
3	"	" .78.19335	3	"	" .78.94042	3	"	" .79.68750
4	"	1 04.25781	4	"	1 05.25390	4	"	1.06 25000
5	"	1.30.32226	5	"	1.31.56738	5	"	1.32.81250
6	"	1 56.88671	6	"	1 57.88085	6	"	1.59.37500
7	"	1.82.45117	7	"	1 84.19433	7	"	1.85.93750
8	"	2.08.51562	8	"	2.10.50781	8	"	2.12.50000
9	"	2.34.58007	9	"	2.36.82128	9	"	2.39.06250
10	"	2.60 64452	10	"	2.63.13475	10	"	2.65.62500
1	15 72 1/2	" .26.10595	1	15.87 1/2	" .26.35498	1	16 02 1/2	" .26.60400
2	"	" .52,21191	2	"	" .52 70996	2	"	" .53 20800
3	"	" .78 31787	3	"	" .79 06194	3	"	" .79.81201
4	"	1.04.42382	4	"	1 05.41992	4	"	1.06.41601
5	"	1.30.52978	5	"	1.31.77490	5	"	1 33.02001
6	"	1 56.63574	6	"	1.58.12988	6	"	1.59 62101
7	"	1.82.74169	7	"	1.84.48486	7	"	1.86 22802
8	"	2.08.84765	8	"	2.10.83984	8	"	2.12.83203
9	"	2.34.95361	9	"	2.37 19482	9	"	2.39.43603
10	"	2.61.05956	10	"	2 63.54980	10	"	2.66.04000
1	15 75	" .26.14746	1	15.90	" .26 39648	1	16 05	" 26.64550
2	"	" .52.29492	2	"	" .52.79296	2	"	" 53.29101
3	"	" 78 44238	3	"	" .79 18945	3	"	" 79 93652
4	"	1.04.58984	4	"	1 05.58593	4	"	1 06.58203
5	"	1.30.73730	5	"	1.31.98242	5	"	1 33.22753
6	"	1 56 88476	6	"	1.58.37890	6	"	1.59.87304
7	"	1.83.03222	7	"	1.84.77530	7	"	1.86.51855
8	"	2.09.17968	8	"	2.11.17187	8	"	2.13.16406
9	"	2.35.32714	9	"	2.37.56835	9	"	2 39 80957
10	"	2.61.47460	10	"	2 63 96483	10	"	2.66.45500
1	15.77 1/2	" .26.18896	1	15 92 1/2	" 26 43798	1	16 07 1/2	" 26.68701
2	"	" .52.37792	2	"	" .52.87597	2	"	" .53.37402
3	"	" .78.56689	3	"	" .79.31396	3	"	" .80.06103
4	"	1.04.75585	4	"	1.05.75195	4	"	1.00 74804
5	"	1.30.94482	5	"	1 32.18991	5	"	1 33.43505
6	"	1 57.13378	6	"	1 58 62792	6	"	1.60.12207
7	"	1.83.32275	7	"	1.85.06591	7	"	1.86.80908
8	"	2.09.51171	8	"	2.11 50390	8	"	2.13.49609
9	"	2.35.70068	9	"	2 37 94189	9	"	2.40.18310
10	"	2 61.88964	10	"	2 64.37987	10	"	2.C6.87010

ESPAGNE.

Reduction des Réaux de Veillon en Francs, depuis le change de 15 fr 20 c pour 1 pistole, jusqu'à 16 fr 52 c ¹/₂

Nombre des Réaux de Veillon.	PRIX du Change	VALEUR en			Nombre des Réaux de Veillon	PRIX du Change	VALEUR en			Nombre des Réaux de Veillon.	PRIX du Change	VALEUR en		
		Fr	C	Fract décimal			Fr	C	Fracts. décimal.			F₁	C.	Fract décimal
1	16.10	//	26	72851	1	16.25	//	26	97753	1	16 40	//	27	22656
2	//	//	53	45703	2	//	//	53	95507	2	//	//	54	45312
3	//	//	80	18554	3	//	//	80	93261	3	//	//	81	67968
4	//	1	06	91406	4	//	1	07	91015	4	//	1	08	90625
5	//	1	33	64257	5	//	1	34	88769	5	//	1	36	13281
6	//	1	60	37109	6	//	1	61	86523	6	//	1	63	35937
7	//	1	87	09960	7	//	1	88	84277	7	//	1	90	58593
8	//	2	13	82812	8	//	2	15	82031	8	//	2	17	81250
9	//	2	40	55664	9	//	2	42	79785	9	//	2	45	03906
10	//	2	67	28515	10	//	2	69	77538	10	//	2	72	26562
1	16 12 1/2	//	26	77001	1	16.27 1/2	//	27	01904	1	16 42 1/2	//	27	26806
2	//	//	53	54003	2	//	//	54	03808	2	//	//	54	53613
3	//	//	80	31005	3	//	//	81	05712	3	//	//	81	80419
4	//	1	07	08007	4	//	1	08	07617	4	//	1	09	07226
5	//	1	33	85009	5	//	1	35	09521	5	//	1	36	34033
6	//	1	60	62011	6	//	1	62	11425	6	//	1	63	60839
7	//	1	87	39013	7	//	1	89	13330	7	//	1	90	87646
8	//	2	14	16015	8	//	2	16	15234	8	//	2	18	14453
9	//	2	40	93017	9	//	2	43	17138	9	//	2	45	41259
10	//	2	67	70017	10	//	2	70	19042	10	//	2	72	68065
1	16.15	//	26	81152	1	16 30	//	27	06054	1	16.45	//	27	30957
2	//	//	53	62304	2	//	//	54	12109	2	//	//	54	61914
3	//	//	80	43457	3	//	//	81	18164	3	//	//	81	92871
4	//	1	07	21609	4	//	1	08	24218	4	//	1	09	23828
5	//	1	34	05761	5	//	1	35	30273	5	//	1	36	54785
6	//	1	60	86914	6	//	1	62	36328	6	//	1	63	85742
7	//	1	87	68066	7	//	1	89	42382	7	//	1	91	16699
8	//	2	14	49218	8	//	2	16	48437	8	//	2	18	47656
9	//	2	41	30371	9	//	2	43	54492	9	//	2	45	78613
10	//	2	68	11523	10	//	2	70	60546	10	//	2	73	09570
1	16.17 1/2	//	26	85302	1	16.32 1/2	//	27	10205	1	16 47 1/2	//	27	35107
2	//	//	53	70605	2	//	//	54	20410	2	//	//	54	70214
3	//	//	80	55908	3	//	//	81	30615	3	//	//	82	05322
4	//	1	07	41210	4	//	1	08	40820	4	//	1	09	40429
5	//	1	34	26513	5	//	1	35	51025	5	//	1	36	75537
6	//	1	61	11816	6	//	1	62	61230	6	//	1	64	10644
7	//	1	87	97119	7	//	1	89	71435	7	//	1	91	45751
8	//	2	14	82421	8	//	2	16	81640	8	//	2	18	80859
9	//	2	41	67724	9	//	2	43	91845	9	//	2	46	15966
10	//	2	68	53026	10	//	2	71	02050	10	//	2	73	51073
1	16 20	//	26	89453	1	16.35	//	27	14355	1	16 50	//	27	39257
2	//	//	53	78906	2	//	//	54	28710	2	//	//	54	78515
3	//	//	80	68359	3	//	//	81	43066	3	//	//	82	17773
4	//	1	07	57812	4	//	1	08	57421	4	//	1	09	57031
5	//	1	34	47265	5	//	1	35	71777	5	//	1	36	96289
6	//	1	61	36718	6	//	1	62	86132	6	//	1	64	35546
7	//	1	88	26171	7	//	1	90	00188	7	//	1	91	74804
8	//	2	15	15625	8	//	2	17	14843	8	//	2	19	14062
9	//	2	42	05078	9	//	2	44	29199	9	//	2	46	53320
10	//	2	68	94531	10	//	2	71	43554	10	//	2	73	92577
1	16.22 1/2	//	26	93603	1	16.37 1/2	//	27	18505	1	16 52 1/2	//	27	43408
2	//	//	53	87207	2	//	//	54	37011	2	//	//	54	86816
3	//	//	80	80810	3	//	//	81	55517	3	//	//	82	30224
4	//	1	07	74114	4	//	1	08	74023	4	//	1	09	73632
5	//	1	34	68017	5	//	1	35	92529	5	//	1	37	17041
6	//	1	61	61621	6	//	1	63	11035	6	//	1	64	60449
7	//	1	88	55224	7	//	1	90	29541	7	//	1	92	03857
8	//	2	15	48828	8	//	2	17	48046	8	//	2	19	47265
9	//	2	42	42431	9	//	2	44	66552	9	//	2	46	90673
10	//	2	69	36034	10	//	2	71	85057	10	//	2	74	34081

ABRÉVIATIONS OU SIGNES

Lorsqu'une personne tire une traite, elle met, en tête de sa lettre de
change, la somme en chiffre ; par exemple, si elle tire en France, pour
ne pas mettre *Bon pour Francs :*

Il lui suffit de mettre	B. P F	500
De même sur Londres, en livres sterlings. ..	» » ₤	500
d° sur Amsterdam, en florins courants ...	» » *fl*	500
d° sur Hambourg, en marcs de banque .	» » *B̃:m̃ʃ*	500
sur l'Espagne { en réaux de veillon... ..	» » Rᵒⁿ.	500
en réaux de platte.. ...	» » Rᵗᵉ.	500
d° en piastres fortes .. .. » »	$.	500

Bien que ces choses là paraissent de peu d'importance, il est cependant
bon de suivre l'usage pour ces sortes d'abréviations.

ADDITIONS DES NOMBRES COMPLEXES.

On écrit tous les nombres les uns au-dessous des autres, de manière
que toutes les parties d'une même espèce se trouvent chacune dans une
même colonne verticale ; après avoir souligné le tout, on commence l'addition par les parties de l'espèce la plus petite.

Exemple pour les Livres, Schellings et Pences sterlings.

₤	215	.	18 sch	5 deniers ou pence
	459		14 .	8
	460	.	10 .	11
	484	.	11	7
	1620		15 .	7

L'addition des deniers est 31, qui renferme 2 douzaines de deniers ou
2 schellings et 7 deniers. Je pose les 7 deniers et je retiens 2 schellings
que j'ajoute avec les unités de schellings, ce qui donne 15 schellings ; je pose
seulement le chiffre 5 et je retiens la dixaine pour l'ajouter aux dixaines,
ce qui donne 5 ; et comme il faut 2 dixaines de schellings pour faire 1 livre,
je prends la moitié de 5 qui est 2, avec 1 pour reste ; je pose ce reste et je
porte les 2 livres à la colonne des livres que j'ajoute comme à l'ordinaire.

Exemple pour les Marcs de Banque, Sous et Deniers.

$$
\begin{array}{rrr}
210^{\,m} & 8^{\,s} & 5^{\,d} \\
241 & 5 & 8 \\
304 & 9 & 6 \\
405 & 1 & 2 \\
\hline
\textit{Somme} \quad 1161^{\,m} & 8^{\,s} & 9^{\,d}
\end{array}
$$

Le marc vaut 16 sous (ou schellings), le sou 12 deniers ; par conséquent je trouve 21 deniers, qui valent 1 sou et 9 deniers ; je pose 9 et retiens 1 sur les sous qui montent à 24 ; je dis 16 sous (qui composent 1 marc) et 8 font 24 sous ; je pose 8 et retiens 1 que je porte sur la colonne des marcs ; j'additionne à la manière accoutumée.

DE L'ÉCHÉANCE COMMUNE.

L'échéance commune fait connaître le terme moyen auquel ressort l'ensemble de plusieurs échéances ; on s'en sert souvent pour abréger les calculs d'intérêts, soit dans les comptes courants, soit dans les négociations dont le papier se fait à tant de jours d'avance ou à tant de jours après l'échéance.

Pour avoir l'échéance commune des sommes ci-après détaillées, il faut poser les jours qu'il y a depuis la première échéance jusqu'à la dernière, ainsi de suite, en descendant de la seconde échéance à la dernière, de la troisième, etc., etc., puis multiplier la somme par les jours ; on additionne tous les nombres et on les divise par le montant des sommes.

Exemple.

$$
\begin{array}{llllll}
\text{F} & 500 \text{ au } 6 \text{ décembre :} & 24 \text{ jours :} & 12000 & \text{nombres} \\
& 500 \quad 12 & \text{»} \quad 18 \text{ »} & 9000 \\
\text{Milieu .} & 500 \quad 18 & \text{»} \quad 12 \text{ »} & 6000 \\
& 500 \quad 24 & \text{»} \quad 6 \text{ »} & 3000 \\
& 500 \quad 30 & \text{» Époque.} \ldots & 30000 \mid 2500 \\
\cline{2-2}
& 2500 & & 5000
\end{array}
$$

12 jours que l'on déduit de la dernière échéance (du 30 décembre), ce qui porte l'époque commune au 18 décembre (30 de 12, reste 18). Les cinq sommes ci-dessus étant de 500 francs chacune, et à 6 jours d'intervalle l'une de l'autre, il est évident que l'échéance commune est bien au 18 décembre, puisque c'est le milieu des sommes et des échéances.

AUTRE MÉTHODE.

Au lieu de prendre les jours depuis la première échéance jusqu'à la dernière, comme ci-dessus, on doit faire l'inverse ; il faut donc prendre les jours du 3o décembre au 6 *dito*, puis en montant du 24 au 6 décembre, ainsi de suite, jusqu'à la première échéance, qui est l'époque.

Exemple. (Ce sont les mêmes sommes et échéances que celles ci-contre).

```
        F  500 au  6 décembre, époque
           500  12    »      6 jours   3000  nombres
Milieu .   500  18    »     12  »      6000
           500  24    »     18  »      9000
           500  30    »     24  »     12000
          ─────                       ─────────────
          2500                        30000 | 2500
                                       5000 └──────
                                       . .  12 jours que l'on ad-
```

ditionne avec le 'chiffre de la première échéance (6 et 12 font 18), c'est donc le 18 décembre, qui est l'échéance commune.

Si, après avoir fait la division, il restait dans les nombres à peu-près la ¼, ou les ¾ du diviseur, celui qui fait l'opération ajouterait en sa faveur le jour provenant de la fraction; s'il n'y avait que le ¼, on le négligerait : ceci est l'usage.

D'après ces deux manières de faire les échéances communes, on doit donner la préférence à la première, parce qu'il est plus facile de prendre les jours en suivant de la première échéance à la dernière, que de rétrograder de la dernière échéance à la première.

ARGENT.

Les matières d'argent se vendent au commerce à tant le marc, et à la monnaie, au kilogramme.

Le marc vaut 8 onces, l'once 8 gros, et le gros 72 grains.

Le kilogramme se divise en grammes, et en vaut 1000.

OPÉRATION EN POIDS DE MARC.

On a à vendre un lingot d'argent au titre de 960 millièmes, pesant 82 marcs 1 once 4 gros; l'acheteur offre 54 francs du marc à 1000 millièmes : combien doit-on recevoir en échange ? RÉPONSE : F. 4260.60c.

```
Il faut commencer par multiplier le titre . .      960mes
               par le prix. .. ............ .         54
                                                    ──────
                                                    3840
                                                    4800
                                                    ──────
                                                    51.84|0   Après avoir rayé le der-
    Puis, multiplier par le poids .... ..... .         82    nier chiffre, on voit que
                                                    ──────    le marc a 960mes. ne res-
                                                    10368     sort qu'à F  51 84 c.
                                                    41472
                                                    ──────
Pour 1 once, le 8me. du marc. F. 51 84.. ... .       6 48
   »   4 gros la ⅛ de l'once... .... 6 48.......      3.24
                                                    ──────
          TOTAL ......... . F. 4260.60c
```

OPÉRATION EN KILOGRAMMES.

Si on avait à vendre à la monnaie un lingot d'argent à 990 millièmes, pesant 22 kilogrammes 420 grammes, au prix de F. 218.89ᶜ le kilogramme : combien devrait-on recevoir ?

Il faut multiplier le prix par le millième   ...   F 218 89
                                                          990

                                                      1970010
                                                      197001

F. 216 70|110 Après avoir rayé

les 3 derniers chiffres, on voit que le kilogramme à ce titre ne ressort qu'à F. 216.70 c.
Pour achever l'opération, il faut multiplier le poids.   22 ᵏ 420 ᵍ
                         par le prix ci-dessus   .   21670

                                                      1569400
                                                      134520
                                                      22420
                                                      44840

F. 4858.41ᶜ|400 Après avoir barré

les 3 derniers chiffres, comme ci-dessus, on aura le produit en francs et centimes F 4858 41 c

Les directeurs des monnaies accordent à l'acheteur une prime de tant pour mille, en sus du prix ; il est donc bien aisé, une fois les calculs faits, d'ajouter le montant de la prime au capital. Si elle était de F. 5 pour mille, il serait inutile de faire une multiplication ; il faudrait seulement prendre la ½ sur la somme, en séparant par une virgule les deux derniers chiffres, qui seront des centimes. Si c'était un capital de F. 2580 à 5 pour mille.

la ½ est.... ....   12 90
TOTAL... ... F. 2592 90

Si la prime était de F. 2,50ᶜ, il faudrait prendre le ¼, au lieu de multiplier par F. 2,50ᶜ.

Si on vendait à la fois plusieurs lingots d'argent, il ne faudrait ajouter la prime qu'après avoir fait l'addition de toutes les sommes. On conçoit qu'il serait inutile de calculer la prime pour chaque lingot, on doit le faire après avoir réuni tous les produits : alors on ajoute la prime au capital.

OR.

Les matières d'or se vendent au commerce à tant l'once, et à la monnaie au kilogramme.

Le marc vaut 8 onces, l'once 8 gros, et le gros 72 grains.

Le kilogramme vaut 1000 grammes.

APPLICATION. On a à vendre un lingot d'or au titre de 947 millièmes, pesant 2 marcs 4 onces 3 gros 37 grains; l'acheteur offre 105 francs de l'once à 1000 millièmes : combien produira-t-il de francs à ce prix ? RÉPONSE : F. 2032,25ᶜ.

OPÉRATION EN POIDS DE MARC.

On doit réduire les marcs en onces, puis commencer l'opération en multipliant le titre par le prix.

947ᵐᵉˢ

F 105

4735
9470

Il faut multiplier par le poids, 2 marcs 4 onces 3 gros 37 grains. 2 Marcs font 16 onces, et 4 valent 20. . . .. 99 43|5 — En supprimant le dernier chiffre, on voit qu'à ce titre (947ᵐᵉˢ), l'once ne ressort qu'à F 99 43 c
20

198860

Pour 2 gros, le ¼ de l'once (99 43).... 24 85
1 dᵒ la ½ de 24 85 . ... 12.42

3 gros.

37 Grains {
pour 24 grains, le ⅓ du gros.. 4.14
» 8 » le ⅓ de 414.. 1.38
» 4 » la ½ de 138. 69
» 1 » le ¼ de 69. 17

F. 2032 25ᶜ

Le calcul de l'or en kilogramme se fait comme celui de l'argent.

Pour savoir à combien ressort l'once d'or, lorsqu'il est calculé par kilogramme, on prend le 32ᵐᵉ. du prix du kilogramme.

RAPPORT DES NOUVEAUX POIDS AUX POIDS DE MARC.								
DÉNOMINATION DES NOUVEAUX POIDS.	LEUR VALEUR en			LEUR COMPARAISON AVEC LES POIDS DE MARC.				
	Kilog	Grammes	Millig⁰ˢ	Livres.	Onces	Gros	Grains	Fractions de Grains
5. Myriagrammes.....	50	50 000	. ....	102	2	2	29	500/1000
2. dᵒ .. .	20	20 000	.....	40	13	5	55	» » » »
1 dᵒ.... . ..	10	10 000	... .	20	6	6	63	500/1000
5 Kilogrammes ...	5	5000	. .	10	3	3	31	750/1000
2. dᵒ	2	2000		4	1	2	70	300/1000
1 dᵒ.	1	1000	.	2	.....	5	35	150/1000
5 Hectogrammes .	.	500	...	1	... .	2	53	575/1000
2 dᵒ		200	. ...		6	4	21	430/1000
1 dᵒ		100	.....		3	2	16	715/1000
5. Décagrammes	.... .	50			· 1	5	5	3575/10000
2 dᵒ	....	20	....		.	5	16	5430/10000
1. dᵒ	... .	10		. .		2	44	2715/10000
5. Grammes.	...	5	. .	.	...	1	22	18575/100000
2. dᵒ	. . .	2	.		. .	. .	37	65430/100000
1 dᵒ	.....	1			...	. ..	18	82715/100000
1. Décigramme	.....|.... .	100		.	. ..	.	1	882715/1 000.000
1. Centigramme ...	.....|.ª ..	10		.	. ..	.		1882715/10 000 000
1. Milligramme.....	. ..|.......	1		. ..	. .	.	...	1882715/100 000 000

La livre a 16 onces ; ainsi, pour les réduire en marcs, il faut les doubler et y ajouter simplement les gros et les grains qui en dépendent.

MÉTHODE

POUR CALCULER UNE INSCRIPTION DE RENTE 5 POUR CENT.

Les effets publics sont sujets à une hausse ou à une baisse, comme toute espèce de valeur. Lorsque le cours des fonds publics est côté à F. 108,50, cela signifie que 100 francs de cette valeur sont augmentés de F. 8,50 au-dessus du pair.

Pour trouver le capital nécessaire à l'achat d'une inscription de rente 5 p. %, il faut multiplier la rente par le prix, et prendre le 5me. du produit, ou diviser par 5. S'il y avait des centimes au prix d'achat, il faudrait séparer par une virgule les deux derniers chiffres du produit, on aurait alors le capital en francs et centimes.

APPLICATION. Combien vaut une inscription de F. 500, lorsque le cours est à F. 108,50 ? RÉPONSE : F. 10,850.

Proportion.

$$5 : 108,50 :: 500 : X.$$

OPÉRATION.

$$108,50$$
$$500$$

Produit. . .. 54,250,00
Le 5me.. . F. 10,850,00·

AUTRE MÉTHODE

POUR SERVIR DE PREUVE A L'OPÉRATION PRÉCÉDENTE.

Pour connaître le capital des F. 500 rentes ci-dessus, au prix de F. 108,50, voici, avec moins de chiffres et sans division, la manière de calculer : il faut premièrement savoir à combien monte le capital de la rente ; vous le connaîtrez en doublant simplement la rente, et en ajoutant un zéro au produit. *Exemple :* 2 fois F. 500 font F. 1000, plus un zéro, cela fera F. 10,000, qui est le capital à 5 p. %. L'inscription ci-dessus a été vendue à F. 108,50 ; en supprimant la virgule qui sépare les francs des centimes, vous aurez F. 10,850, qui est justement le produit à ce cours. A la vérité, toutes les sommes ne sont pas aussi aisées à calculer, mais l'exemple suivant va démontrer la manière de calculer quelle somme que ce soit. — On a vendu une inscription de F. 444 rentes 5 p. %, au prix de F. 108,50 : quel est le capital que l'on doit recevoir ? RÉPONSE : F. 9634,80.

OPÉRATION. Il faut doubler la rente et ajouter un zéro, comme je l'ai indiqué en l'autre part, 2 fois 444 font 8880, et multiplier ensuite le prix par le capital.

$$
\begin{array}{r}
108,50 \\
8880 \\
\hline
868000 \\
86800 \\
86800 \\
\hline
\end{array}
$$

Capital à recevoir . . F $\overline{9634,80|00}$ Lorsqu'il y a des centimes au prix de la rente, il faut toujours rayer les deux derniers chiffres du produit

MÉTHODE

POUR CALCULER LES RENTES 3 POUR CENT.

Les rentes 3 p. % sont variables comme celles des 5 p. %.

Pour trouver la somme nécessaire à l'achat d'une inscription 3 p. %, on doit multiplier le prix par la rente; s'il y avait des centimes au prix d'achat, il faudrait séparer par une virgule les deux derniers chiffres du produit, et prendre le ⅓ pour avoir le capital en francs et centimes.

APPLICATION. On voudrait acheter une inscription de F. 550, rente 3 p. %, au cours de F. 82,45, combien devra-t-on payer? RÉPONSE : F. 15,115,83.

OPÉRATION.

$$
\begin{array}{r}
82,45 \\
550 \\
\hline
412250 \\
41225 \\
\hline
4534750 \\
\end{array}
$$

Le ⅓ . . F 15,115,83ᶜ

AUTRE MÉTHODE

POUR SERVIR DE PREUVE A L'OPÉRATION PRÉCÉDENTE.

Il faut chercher le chiffre du capital à 3 p. %, pour le trouver, on doit multiplier par 3 le montant de la rente, et ajouter un zéro au produit; puis prendre le 9ᵐᵉ. et multiplier le capital par le prix.

OPÉRATION.

	550 rente 3 p %
Multiplier par	3
	16500
Y ajouter le 9ᵐᵉ... . .	1833,33
Capital d'une inscription de F. 550 . F	18 333,33ᶜ rentes 3 p %
Puis multiplier par le prix .	82,45
	9166665
	7333332
	3666666
	14666664
Somme égale à celle ci-dessus... . . F,	15,115,83|0585 Apres avoir rayé les 4 derniers chiffres, on aura le produit en francs et centimes, calculé au cours convenu

ÉLÉMENTS D'ARITHMÉTIQUE

CONCERNANT LA DIVISION ET LES FRACTIONS QUI ONT RAPPORT AUX OPÉRATIONS SUIVANTES.

DE LA DIVISION.

La division est une opération par laquelle on cherche combien de fois un nombre est contenu dans un autre. Le nombre qu'on divise s'appelle *dividende*, celui par lequel on divise, *diviseur*, et celui que l'on trouve, *quotient*.

En multipliant le diviseur par le quotient, on doit reproduire le dividende, puisque c'est prendre ce diviseur autant de fois qu'il est dans le dividende, soit que le quotient soit un nombre entier, ou qu'il soit un nombre fractionnaire.

Lorsqu'on connaît les trois premiers termes d'une proportion, pour déterminer le quatrième il faut multiplier le second par le troisième, et diviser le produit par le premier : le quotient donnera le quatrième terme.

Il est nécessaire de porter la plus grande attention à la manière de poser les termes d'une proportion, autrement on ne ferait que des chiffres sans résultats. Le premier terme d'une proportion doit toujours être de la même espèce que le troisième, le quotient produisant le quatrième terme, doit être aussi de la même espèce que le deuxième.

APPLICATION. On voudrait savoir combien F. 3000 produisent de livres sterlings au change de F. 25,25 pour une livre sterling.

✎ *Proportion.*

Si F. 25,25 : valent 1 liv. sterl. : · combien F. 3000 . X. *

Si on désirait connaître l'inverse, c'est-à-dire combien 118 liv. 16 sch. 3 den. sterl. produisent de francs au même change, il faudrait poser les termes de la proportion comme suit :

Si 1 liv. st. : vaut F. 25,25 : : combien 118 liv. 16 s. 3 d. st. : X**.

L'opération détaillée se trouve ci-après au Change de Londres.

Pour faire la preuve par la division, il faut multiplier le quotient par le diviseur, et ajouter le restant des nombres de la soustraction ; ce produit doit être égal à celui du dividende. Pour s'en rapporter à cette vérification, il faut être sûr de la multiplication qui a produit le dividende.

---

* X, dans une proportion, tient lieu de la valeur cherchée   £ 118 16 3
** On aura F. 3000

DES FRACTIONS.

Les fractions sont des nombres par lesquels on exprime les quantités plus petites que l'unité. Une fraction est exprimée par deux nombres, dont l'un marque en combien de parties égales l'unité est partagée : il s'appelle *dénominateur*, et l'autre marque aussi combien il entre de ces parties dans la valeur de la fraction : on le nomme *numérateur*.

Le numérateur et le dénominateur s'appellent aussi, d'un nom commun, les deux termes de la fraction.

DU NUMÉRATEUR. (Nombre supérieur).

Le numérateur désigne, dans une fraction, quel nombre on prend des parties égales dans lesquelles l'unité est supposée divisée.

Dans la fraction $\frac{5}{8}$: 5 est le numérateur.

DU DÉNOMINATEUR. (Nombre inférieur).

Le dénominateur est, des deux nombres qui expriment une fraction, celui qui se trouve au-dessous.

Dans la fraction $\frac{5}{8}$: 8 est le dénominateur.

Une fraction peut être considérée comme le quotient d'une division, dont le numérateur serait le dividende, et le dénominateur serait le diviseur.

Lorsqu'il y a une fraction dans l'un des termes de la division, il faut considérer de combien de parties l'entier est composé ; par exemple, si on avait : 4 : 4 est l'entier, vous prenez donc pour 2 la moitié de la somme, et pour 1 la ½ de ce produit ou le ¼ de la somme.

$$\frac{}{3/4}$$

CHANGES.

LONDRES.

Paris donne l'incertain F. 25,25, plus ou moins, pour 1 liv. sterling.
Les écritures s'y trouvent en livres, sous et deniers sterlings.

MONNAIES DE CHANGE.

La livre sterling vaut 20 schellings (20 sous sterlings), ou 240 deniers
sterlings.
Le sou ou schelling vaut 12 deniers sterlings (pence).

CHANGE DE LONDRES SUR PARIS.

Réduire F. 3000 en livres, sous et deniers, au change de F. 25,25 pour
1 livre sterling.

Regle de Proportion.

Si F. 25,25 . valent 1 livre sterling : : combien F. 3000 : X.

OPÉRATION. *

```
1 fois F   3000,00 | 25,25
            4750     £ 118 16 s   3 d
           22250
            2050
Multiplier par. ..    20   pour avoir des sous au quotient.
           41000
           15750
             600
Multiplier par . .    12   pour avoir des deniers au quotient
            7200
Reste       2130
```

CHANGE DE PARIS SUR LONDRES.

Réduire 118 liv. 16 s. 3 den. sterlings en francs et centimes, au change
de F. 25,25 pour 1 liv. sterl.

Proportion.

Si 1 livre sterling vaut F. 25,25 : : combien 118 liv. 16 s. 3 d. st. : X.

---

* Lorsqu'il y a des centimes au diviseur, on doit placer deux zéros au dividende

OPERATION. *

$$25,25$$
$$£\ 118\ 16\ 3$$

20200
2525
2525

La ½ de la livre .	12,62	pour 10 sous	
La moitié de ce produit	6,31	pour 5	»
Le ⅕ do	1,20	» 1	»
Le ¼ do	31	» 3 deniers	

F 3000,00

Pour l'addition des livres, sous et deniers sterlings, il faut voir l'article des *Nombres complexes*, pag. 28. Il y a quelques applications qui mettront facilement au cours celui qui ne sait pas additionner les parties de la livre sterling.

---

* Dans cette opération, comme le diviseur est l'unité, ce qui ne change rien au quotient, on peut se dispenser de la formalité de la règle de trois, et faire simplement la multiplication

HAMBOURG,

Avec PARIS, MARSEILLE, LYON, *et autres places qui reçoivent le certain* 100 *marcs de banque pour* F. 185, *plus ou moins.*

Les écritures, les monnaies de change, etc., sont mentionnées à l'article du change de Hambourg avec Bordeaux, Bayonne et autres places qui reçoivent 25 ¾ sous lubs, plus ou moins, pour 3 francs (pag. 41).

CHANGE DE HAMBOURG SUR PARIS.

Réduire F. 3,500 en marcs, sous et deniers banco, au change de F. 185 ⅝ pour 100 marcs de banque.

Proportion.

Si F. 185 ⅝ : valent 100 marcs : : combien F. 3500 : X.

OPÉRATION.

```
F 3500 par 100 marcs, font F.   3500,00    185 ⅝  En multipliant 185 par 8, on doit
   Il faut multiplier par 8 pour     8         8         ajouter le numérateur 5
      égaliser le diviseur      ─────────   ─────
                                2800000    1485
                                  13150  └─

                                  12700   1885. 8 s 4 den  banco
                                   8200      ·
                                    775
   Multiplier par                    16 pour avoir des sous au quotient.
                                ─────────
                                   4650
                                    775
                                ─────────
                                  12400
                                    520
   Multiplier encore par            12 pour avoir des deniers.
                                ─────────
                                   1040
                                    520
                                ─────────
                                   6240
                                    300
```

CHANGE DE PARIS SUR HAMBOURG.

Réduire ℬ𝑚𝑓 1885,8 sous 4 den. en francs, au change de 185 ⅝ pour 100 marcs banco.

Proportion.

100 marcs : 185 ⁵/₈ : : 1885. 8 s. 4 den. : X *

REGLE.

$$1885 \ 8\,s \quad 4\,d$$
$$185 \ ^5/_8$$

	9425
	15080
	1885
D'âbord pour 8 s la ¹/₂ de 185 ...	92
pour 4 den le ¹/₃ du s. .	6
Pour 4/8 la ¹/₂ de 1885	942
¹/₈ le 8ᵐᵉ. de 1885	235
TOTAL .	3500,00

J'ai posé la règle la plus compliquée pour cette sorte de calcul, puisqu'il a fallu prendre, d'une part, pour les sous et deniers, et de l'autre pour la fraction du multiplicateur sur le multiplicande.

S'il se rencontrait aussi à réduire une somme de 2000 marcs à F. 185, il n'y aurait pas de règle plus facile à faire, puisqu'il ne faudrait que multiplier le prix par la somme.. 2, et

y ajouter 3 zéros, dont 2 pour les centimes.......................... F. 3700,00

---

* Dans cette opération, comme le diviseur est un centième, ce qui ne change rien au quotient, on peut se dispenser de la règle de trois, en faisant simplement la multiplication

HAMBOURG,

Avec BORDEAUX, BAYONNE, *et autres places qui reçoivent* 25 ¾ *sous lubs, plus ou moins pour* F. 3.

Les écritures s'y tiennent en marcs, sous et deniers lubs.

MONNAIES DE CHANGE.

Le marc vaut 16 schellings (16 sous lubs), ou 32 deniers de gros.
Le sou lubs (schelling), vaut 12 deniers lubs ou 2 deniers de gros.
La livre de gros vaut 20 sous de gros.—Le sou de gros 12 deniers de gros.
Le déalder vaut 2 marcs lubs, 32 sous lubs ou 64 deniers de gros.
L'argent de banque diffère de l'argent courant de 4 à 5 p. %. L'agio varie suivant les circonstances.

CHANGE DE HAMBOURG AVEC BORDEAUX.

Réduire F. 2500 en marcs, sous et deniers, au change de 25 ¾ sous lubs (ou $^6/_8$) pour F. 3.

Proportion.

Si F. 3 valent 25 sous ¾ : combien : : F. 2500 : X.

OPÉRATION.

	2500	
	25	³/₄
	12500	
	5000	
Pour la ½ (la moitié de 2500)	1250	
le ¼ (la ½ de 1250)	625	
	64375	48 s luhs égalent F 3 multipliés par 16 s lubs.
	163	
	197	1341ᵐ 2ˢ 4ᵈ
	55	
	7	
Pour avoir des sous, il faut multiplier par	16	
	112	
	16	
Pour avoir des den il faut multiplier par	12	
	32	
	16	
	192	

CHANGE DE BORDEAUX SUR HAMBOURG.

Réduire 1341 marcs, 2 sous 4 den. en francs, au change de 25 sous ¾ pour F. 3.

Proportion.

25 sous lubs⁵³/₄ : F. 3 : : ℬⁿ𝓂 1341. 2 sous 4 deniers : X.

RÉGLE.

| | 1341 | 2 s 4 d |
| Pour réduire les marcs en sous, mult par | 16 | |

	8046
	1341
On ajoute les sous.	2

¹/₃ pour 4 deniers

| Maintenant multiplier par le second | 21458 | ¹/₃ |
| terme de la proportion . . . . . | . . | 3 | » |

| Multiplier encore par 4 pour égaliser | 64375 |
| le diviseur . . . . | 4 |

	237500	103 ..	⌠	25 ³/₄
	51500		⎨	4
	. . . .	2500 fr.	⌡	103 y compris le numérateur 3.

---

* S'il y avait un reste de soustraction, il faudrait ajouter deux zéros et continuer la division pour avoir des centimes.

Pour l'addition des marcs, sous et deniers, voyez l'article des *Nombres complexes*.

AMSTERDAM.

Paris donne le certain F. 3 pour 57 ¹/₄ deniers de gros, plus ou moins.

Les écritures s'y tiennent, depuis quelques années, en florins et cents.

MONNAIES DE CHANGE.

Le florin vaut 100 cents, 20 stuivers (20 sous communs ou 40 deniers de gros).

Le stuiver vaut 16 deniers (pfennings).

La rixdale vaut 50 stuivers ou 100 deniers de gros.

La livre de gros vaut 20 sous de gros, ou 6 florins.

Le sous de gros [vaut 12 deniers de gros ou 6 stuivers.

L'argent de banque vaut de 4 à 5 pour cent de plus que l'argent courant.

CHANGE D'AMSTERDAM SUR PARIS.

Réduire F. 4183 en florins courants au change de 57 ³/₈ deniers de gros pour 3 fr.

Proportion.

Si F. 3 : valent 57 d. ³/₈ : : combien F. 4183 : X.

OPÉRATION.

```
                       4183
                       57 ³/₈
                    _____
                       29281
                       20915
pour ²/₈, le ¹/₄ de 4183    1046
 »    ¹/₈, la ¹/₂ de 1046   .  .   523
                    _____|_____
                     24,0000 | 120 deniers égalent 3 fr multipliés par 40 den
                    _____|
                       2000 fl
```

CHANGE DE PARIS SUR AMSTERDAM.

Réduire les 2000 florins ci-dessus en francs, au même change de 57 d. ³/₈ pour 3 fr.

Proportion.

57 d. ³/₈ : 3 fr. : : ₡ 2000 : X.

---

* Quand il se trouvera un reste de soustraction, il faudra y ajouter deux zéros pour avoir des centièmes de florins au quotient.

RÈGLE.

	2000
Multiplier par le 2me terme. ..	3

On multiplie aussi par 40 pour	6000
réduire en deniers ..	40

* On multiplie encore par. .   240000
8   . parce que le ⅜ diviseur est multiplié par le dénominateur de sa fraction   57 ³/₈

1920000 | 459 den   8
840
3810   4183 fr   459 y compris le
1380   numératr 3
03 Ce reste, en ajoutant même 2 zéros, ne suffit pas
pour produire des centimes au quotient.

* Si le change était à 57 ¹⁵/₁₆, il faudrait multiplier par 16. C'est toujours avec le dénominateur de la fraction qu'on doit multiplier, tant d'un côté que d'autre, pour égaliser les
nombres

ESPAGNE.

Paris donne l'incertain F. 15,90, plus ou moins, pour une pistole de change.

Les écritures s'y tiennent de différentes manières, en réaux et maravédis de veillon; en réaux et quartos de platte. A Madrid et Bilbao, en réaux et maravédis de veillon.

Le réal vaut 16 quartos.

Tous les changes se font à tant la pistole.

L'argent de platte diffère de celui de veillon comme 17 à 32. C'est-à-dire que 17 R^{te}. valent R^{on}. 32.

MONNAIES DE CHANGE.

La pistole de change vaut
{
4 piastres
32 réaux de platte ou 1088 maravédis
60 do 8 maravédis de veillon ou 2048 maravédis. .
}

La piastre........ » ....
{
8 réaux de platte
15 do. 2 maravédis de veillon.
}

Le ducat......... » ....
{
11 do 1/34 de platte ou 375 maravédis de platte
20 do 25 maravédis $^{15}/_{17}$ veillon ou 705 $^{15}/_{17}$ maravédis de veillon
}

Le réal de platte....... » ..
{
34 maravédis de platte
64 » de veillon
}

Le réal de veillon...... » .. 34 » »

CHANGE DE MADRID SUR BORDEAUX.

Réduire F. 527,93 en réaux de veillon, au change de F. 15,90 la pistole.

Proportion.

Si F. 15,90 : valent 2048 maravédis : : combien F. 527,93 : X.

OPÉRATION.

```
      52793
       2048
     ───────
      422344
      211172
     1055860
     ─────────
   108120064 | 54060 M$^{is}$  soit F 15,90 multipliés par 34 M$^{is}$.
          64 |─────────────────
               2000 R$^{on}$
```

(*) Pour obtenir des maravédis au quotient, il faudrait multiplier par 34, mais dans cette occasion, les 64 nombres multipliés ne produiraient tout au plus qu'un maravédi, c'est peu important

CHANGE DE BORDEAUX SUR MADRID.

Réduire 2000 R^{on}. en francs et centimes au change de F. 15,90 la pistole.

Proportion.

2048 Mis. : F. 15,90 :: 2000 R^{on}. : X.

RÈGLE.

```
                                          1590
                                          2000
                                       ─────────
                                       3180000
Pour réduire les Rᵒⁿ. en Mⁱˢ , il faut multiplier par   34   ·

                                       12720000
                                       954

                                       108120000 │ 2048 Mⁱˢ
                                       5720       └──────────────
                                       16240        527 fr. 92 c. ou 93 c.
                                       19040
                                       6080
                                       1984
```

CHANGE DE CADIX SUR PARIS.

Réduire F. 3000 en pistoles, réaux et maravédis de platte, au change de F. 15.90 la pistole de change.

Règle de Proportion.

Si F. 15.90 : valent 1 pistole : : combien F. 3000 : X.

OPÉRATION.

```
Une fois 3000, plus 2 zéros , . . .    . . .  3000,00 │ 15,90
                                              14100    └──────────────────
                                              13800      188 Pⁱᵉˢ 21 Rˡᵉ. 25 Mⁱˢ.
                                              1080
Multiplier pour avoir des Rˡᵉ. au quotient par   32

                                              2160
                                              324
                                              ──────
                                              34560
                                              2760
                                              1170
Multiplier pour avoir des Mⁱˢ, par ....          34
                                              ──────
                                              4680
                                              3510
                                              ──────
                                              39780
                                              7980
                                              30
```

CHANGE DE PARIS SUR CADIX.

Réduire 188 pistoles, 21 réaux de platte et 25 maravédis en francs, au change de F. 15,90 la pistole.

Proportion.

1 Pistole : F. 15,90 : : 188 P^les., 21 R^te., 25 Mis : X.

OPÉRATION.

$$188,21,25$$
$$1590$$

$$\overline{16920}$$
$$940$$
$$188$$

Pour 16 R^te., la ½ de la pistole . .		7,95
» 4 » le ¼ de ce produit .		1,99
» 1 » le ¼ »		49
» 17 Mis , la ½ »		24
» 8 »	.	13
Produit....	F.	3000,00

L'usage est de tirer sur Barcelonne en piastres fortes ($); par conséquent, si l'on avait à se prévaloir de la somme ci-dessus F. 527,93, qui font 2000 réaux de veillon, il faudrait prendre le 20me. des réaux, ce qui donnerait 100 piastres fortes, parce que la piastre forte vaut 20 réaux de veillon. Voudrait-on réduire 2487 réaux de veillon en piastres fortes ; en divisant par le 20me., ces réaux produiraient 124 piastres fortes et 7 réaux de veillon. Pour réduire les piastres fortes en réaux de veillon, on double simplement la somme et on ajoute un zéro ; Exemple : 1566 piastres fortes font 31320 réaux de veillon.

Avec la table des réaux, on aura toujours le produit en francs des pistoles ou des piastres fortes, parce qu'il est très-aisé de les convertir en réaux de veillon, au moyen des notes détaillées ci-contre.

CALCULS D'INTÉRÊTS.

Méthodes pour calculer les intérêts, par la règle de proportion, par le diviseur spécial et par des recherches exactes pour les calculer de tête ou d'un trait de plume.

Ces trois manières font l'objet de trois articles.

ARTICLE PREMIER.

L'année commerciale est considérée comme n'ayant que 360 jours; les mois se prennent tels qu'ils viennent, c'est-à-dire ceux de 31 jours pour 31 et ceux de 30 pour 30 jours.

Pour prendre l'intérêt d'une somme, on multiplie la somme par le nombre de jours, et on divise par le taux convenu; le quotient donne l'intérêt couru.

Pour connaître le diviseur, non seulement à 5 p. % mais à tous les taux en général, il ne faut faire qu'une simple règle de proportion. Pour avoir le chiffre du diviseur à 5 p. % l'an, voici les termes de la règle de trois.

Si 5 : 360 : : 100 : X.

OPÉRATION.

$$
\begin{array}{r|l}
360,00 & 5 \\
\hline
10 & \overline{7200} \text{ diviseur.}
\end{array}
$$

Lorsqu'on supprime les deux zéros au diviseur, on doit conserver alors tous les chiffres du dividende; si au contraire le diviseur était formé de nombres impairs, il faudrait ajouter deux zéros au dividende.—Application: Il est dû une somme de 3000 fr. depuis le 10 juin, et c'est le 31 octobre qu'on désire la toucher avec les intérêts courus à raison de 5 p. % l'an, à combien s'élèvera-t-elle, intérêts compris?

OPÉRATION.

Du 10 juin au 31 octobre, il y a 143 jours (on ne doit jamais compter le jour du départ, on dit du 10 au 30 juin il y a 20 jours, etc.).

$$
\begin{array}{l}
143 \text{ jours} \\
3000
\end{array}
$$
Si je multiplie les jours par la somme, c'est pour abréger: par ce moyen la multiplication se fait avec un seul chiffre

$$
\begin{array}{r|l}
429000 & 72 \text{ diviseur formé par la règle de proportion ci-dessus} \\
690 & \\
420 & \text{'59 f 58 c} \\
600 & \\
24 &
\end{array}
$$

Principal .	3000 f
Intérêts	59 58
Total	3059 f 58 c

ARTICLE 2ᵐᵉ.
DU DIVISEUR SPÉCIAL.

Dans le tableau des diviseurs, on pourra choisir tel nombre que l'on voudra depuis 1 jusqu'à 12 p. %, et par fraction de 1/4 p. %. Je ferai remarquer que les tableaux qui ont paru jusqu'à ce jour, n'ont donné le taux qu'à 1/2 p. % et non au 1/4, comme celui qui se trouve ci-dessous. Je crois qu'il eût été inutile de le faire sur une échelle plus détaillée. Dans le commerce on ne négocie jamais à 1/16 ni à 1/8 p. % l'an ; les cours ordinaires sont depuis 2 1/4, 2 1/2, 2 3/4, 3 p. % jusqu'à 6 p. %. Dans les colonies françaises l'escompte est beaucoup plus cher.

Pour connaître le nombre de jours qu'il faut pour reproduire le capital, on doit établir la proportion suivante (le taux étant à 2 p. %) : Si 2 p. % donnent 360 jours : : combien F. 100 : X (soit 18000). Cette règle a servi de base pour les autres taux.

L'AN		DIVISEURS.	L'AN		DIVISEURS.	L'AN		DIVISEURS
A 1	pour cent	36000	A 4 3/4	pour cent	7578 18/19	A 8 1/2	pour cent	4235 5/7
1 1/4	»	28800	5	»	7200	8 3/4	»	4114 2/7
1 1/2	»	24000	5 1/4	»	6857 1/7	9	»	4000
1 3/4	»	20571 3/7	5 1/2	»	6545 5/11	9 1/4	»	3891 33/37
2	»	18000	5 3/4	»	6260 20/23	9 1/2	»	3789 9/19
2 1/4	»	16000	6	»	6000	9 3/4	»	3692 4/13
2 1/2	»	14400	6 1/4	»	5760	10	»	3600
2 3/4	»	13090 10/11	6 1/2	»	5537 9/13	10 1/4	»	3512 8/41
3	»	12000	6 3/4	»	5333 3/9	10 1/2	»	3428 4/7
3 1/4	»	11076 12/13	7	»	5142 6/7	10 3/4	»	3348 36/43
3 1/2	»	10285 5/7	7 1/4	»	4965 15/29	11	»	3272 8/11
3 3/4	»	9600	7 1/2	»	4800	11 1/4	»	3200
4	»	9000	7 3/4	»	4645	11 1/2	»	3130 10/23
4 1/4	» .	8470 10/17	8	»	4500	11 3/4	»	3063 39/47
4 1/2	»	8000	8 1/4	»	4363 7/11	12	»	3000

Manière prompte et facile pour calculer les intérêts aux taux dont on fait le plus fréquent usage.

Il faut multiplier comme ci-contre la somme par les jours courus, et diviser par le taux convenu ; on doit retrancher les trois zéros aux diviseurs détaillés ci-après : le quotient donnera l'intérêt.

Si l'intérêt était à 2 1/4 p. % l'an, on diviserait par 16/000
do. à 3 » do. 12/000
do. à 4 » do 9/000 Ces diviseurs sont extraits du
do à 4 1/2 » do. 8/000 cadre ci-dessus
do à 5 » do 72/00
do. à 6 » do 6/000

Pour calculer de la manière indiquée ci-après, on doit retrancher le dernier chiffre du dividende, parce que le diviseur n'est composé que d'un chiffre ; et si l'escompte est fractionné, on ajoute ou on déduit le 1/4, le 1/8, etc., du taux en question, comme on en jugera d'après les exemples suivants :

à 2 ¹/₂, 2 ³/₄, 3 p. °/₀; 3 ¹/₄, 3 ¹/₂ p. °/₀.	3 ³/₄, 4 p. °/₀; 4 ¹/₄.	4 ¹/₂ et 4 ³/₄ p. °/₀.	5, 5 ¹/₂ et à 6 p. °/₀.

Après la multiplication des sommes par les jours, vous prenez pour 3 p °/₀ le 12ᵐᵉ ou la moitié du 6ᵐᵉ. Exemple on voudrait avoir l'intérêt de.. . . . F. 3555
Pour 40 jours . . . 40
            14220|0
A 3 p. °/₀ l'an, le 12ᵐᵉ est 11,85
Pour réduire à 2 ¹/₂, il faut prendre le 6ᵐᵉ et le déduire 1,97
Intérêt à 2 ¹/₂ p °/₀. .. .. F 9,88
Pour 2 ³/₄, vous prenez le 12ᵐᵉ de 3 p. °/₀ ou la moitié du 6ᵐᵉ (1,97), qui est 98 c, que vous déduisez de l'intérêt à 3 p °/₀ (11,85).
Montant de l'intérêt à 3 p °/₀ F 11,85
Pour l'élever à 3 ¹/₂, vous ajoutez le 6ᵐᵉ, et l'additionnez. 1,97
Intérêt à 3 ¹/₂ p. °/₀ .... F 13,82
Pour 3 ¹/₄ vous prenez le 12ᵐᵉ de 3 p °/₀ ou la ¹/₄ du 6ᵐᵉ, qui est 98 c, et l'ajoutez à l'intérêt des 3 p °/₀ (F 11,85)
3 p °/₀ l'an, pour 1 mois de 30 jours, font juste ¹/₄ p °/₀
	Produit du dividende ci-contre...... . .. 14220
	A 4 p. °/₀, on prend le 9ᵐᵉ 15,80 ou le 6ᵐᵉ, et on déduit le ¹/₃.
	A 3 ³/₄ on déduit le 10ᵐᵉ. 98
	Intérêt à 3 ³/₄ .. F 14,82
	Pour 4 ¹/₄ on doit prendre le 16ᵐᵉ comme ci-dessus (98 c), et l'ajouter aux F 15,80
	4 p °/₀ pour 30 jours, font ¹/₃ p °/₀
		Produit du dividende ci-contre.. 14220
		A 4 ¹/₂ p °/₀, on prend le 8ᵐᵉ. . ... 17,77 ou pour 6 p °/₀, en déduisant le ¹/₄
		A 4 ³/₄ il faut ajouter le 18ᵐᵉ . . . 98
		Intérêt à 4 ³/₄ . F. 18,75
		En prenant pour 6 p. °/₀, l'intérêt est de . 23,70
		A déduire pour 1 p °/₀ le 6ᵐᵉ 3,96
		Pour le ¹/₄ du 6ᵐᵉ. 99
		                      4,95
		¹/₄
		et 4 ³/₄ . F 18,75
		font 6 p °/₀
		4 ¹/₂ p °/₀ pour 30 jours, font ³/₈ p °/₀
			Produit du dividende ci-contre. 14220
			A 6 p °/₀ l'an, le 6ᵐᵉ. est 23,70
			Pour réduire à 5 ¹/₂, on doit prendre le 12ᵐᵉ.... 1,97
			Intérêt à 5 ¹/₂ p °/₀ . 21,73
			A 6 p °/₀ le 6ᵐᵉ. est. 23,70
			Pour réduire à 5 p °/₀, on prend le 6ᵐᵉ . . . 3,95
			Intérêt à 5 p °/₀ F. 19,75
			6 p °/₀ pour 30 jours, font ¹/₂ p °/₀

ARTICLE 3ᵐᵉ.

Méthode formée par une longue pratique et par des recherches exactes,
pour calculer les intérêts de tête et promptement, lorsque les jours
s'accordent avec le taux de l'escompte, lorsqu'ils contiennent une ou
plusieurs fois le chiffre du diviseur, et quand on peut prendre par la
somme tant pour cent sur le nombre de jours.

A 6 P. °/₀ L'AN.

A 6 p. °/₀ l'an, le diviseur est 6000 ; toutes les sommes de 6000 fr. produisent autant de francs qu'il y a de jours à escompter. Si le nombre de
jours représente une ou plusieurs fois le chiffre du diviseur, que la somme
soit ronde ou non, il sera facile d'en trouver le produit par les applications
suivantes ·

Un agent de change a négocié trois effets de 6000 fr., à diverses échéances,
on voudrait en faire le bordereau pour connaître le net produit. *Valeur du*
20 août 1835 (à 6 p. °/₀ l'an) :

```
F   6000 au 30 septembre, 41 jours, à 6 p. °/₀ F  41
    6000 au 17 octobre,    58   »        »      58 .
    6000 au  5 novembre, 77   »        »      77
    ─────────                                 ───
                                              176
F  18000        Net produit            ..  17824
                                       ─────────
                                       F  18000
```

Si la somme était donc de 6000 fr   on prendrait autant de francs qu'il y aurait de jours
     Si elle était de 4500   on prendrait aussi les ³/₄ des jours pour l'intérêt, en
                                                                   ajoutant 2 zéros

dº	de 3000	dº	la	¹/₂	dº.
dº	de 2000	dº	le	¹/₃	dº
dº	de 1500	dº	le	¹/₄	dº
dº.	de 1000	dº.	le	¹/₆	dº.

Pour 600 fr. on peut ajouter un zéro aux jours, et séparer
par une virgule les deux derniers chiffres, ce qui donnera 1 p. °/₀. Exemple ·
Pour 41 jours, en ajoutant un zéro à 41,0 l'intérêt est bien de 4 fr. 10 c.
Pour 6000 fr. l'intérêt est dix fois plus, par conséquent l'escompte doit être
10 fois plus élevé ; il monte donc à 41 fr. : ceci est évident. 3 Jours, 6, 9.
12, 15, 18, 24, 30, 36, 42, 48, 54, 60 et 66 jours représentent chacun le
diviseur 6 autant de fois qu'il est contenu depuis 1 jusqu'à 11, à l'exception
de 3, 9 et 15 jours, qui contiennent, le premier la moitié de 6, le second
1 fois 6 et ¹/₂, et le troisième 2 fois 6 et ¹/₂, les autres chiffres sont tous des
nombres pairs et composent le diviseur 6 par gradation.

Exemples pour 3, 9 et 15 jours.

Je prends une somme ronde pour faciliter l'intelligence, j'ai donc à calculer l'intérêt de 3 jours sur F. 3000 , je raye le dernier zéro et sépare par une virgule les deux autres, pour distinguer les francs des centimes ; je prends la ¹/₂ de 3,00, qui est 1 fr. 50 c., ou bien, par rapport à la somme, j'ajoute 2 zéros aux 3 jours, ce qui fait 3,00, et prends la moitié qui donne pareillement 1 fr. 50 c. d'intérêt.

Pour avoir l'intérêt de 9 jours sur F. 3000, je supprime, comme ci-dessus, le dernier chiffre, ce qui donne :

pour 6 jours   3,00 ou 1 p °/₀
et pour 3   »   la ¹/₂ . 1,50 ou ¹/₂ »

    9 jours font F. 4,50 d'intérêt, ou bien, par rapport à la somme, on ajoute 2 zéros
                                      aux 9 jours et on prend ¹/₂ p °/₀

Pour l'intérêt de 15 jours sur F. 3000, je prends :

pour 12 jours 2 fois 300, soit F 6,00
et pour 3 »   la ¹/₂ de 300,   »   1,50

15 jours font .   . F 7,50

En prenant l'intérêt par la somme, c'est beaucoup plus facile, puisque 15 jours à 6 p. °/₀ font ¹/₄ p. °/₀ ; sur 3000 fr., cela fait 7 f. 50 c. d'intérêt.

Si la somme se trouvait composée de nombres impairs, le calcul n'en serait pas plus difficile. Exemple : 3 Jours sur F. 3551 donnent, après avoir rayé le dernier chiffre, 1 fr. 77 c. d'intérêt, qui est la ¹/₂ de 355.

Pour 9 jours, il faudrait prendre :

1° pour 6 jours 1 p °/₀ sur 355, F . 3,55
2° pour 3 » la ¹/₂ .   ..   1,77

    9 jours produisent. .. F.. 5,32 d'intérêt

Pour obtenir l'intérêt de F. 3551 pour 15 jours, il faut multiplier la somme par 2 ; ce produit serait pour 12 jours, parce que dans 12 le diviseur 6 est contenu 2 fois ; puis pour 3 jours on doit prendre la ¹/₂ de cette somme.

Exemple.

2 Fois 355 font . . F. 7,10 pour 12 jours.
La ¹/₂ de 355...... .   1,77 » • 3 »

Intérêt de 15 jours. F. 8.87

En prenant le ¹/₄ sur F. 3551, j'aurai le même intérêt (15 jours font ¹/₄ p. °/₀). Cette manière est plus prompte.

Pour les nombres pairs 6, 12, 18, 24 et autres, le calcul en est très-facile ; on en jugera par les exemples suivants :

24 Jours d'intérêts sur F. 1000 font F. 4,00. J'ai multiplié 100|0 par 4, parce que dans le nombre 24 le diviseur 6 y est répété 4 fois (4 fois 6 font

24). 30 Jours d'intérêts sur F. 1000 font F. 5. Dans 30 le diviseur 6 y est aussi contenu 5 fois, c'est donc par 5 qu'il a fallu multiplier. 30 jours font ¹/₂ p. %. Ainsi, pour 42 jours, on multipliera la somme par 7, pour 48 jours par 8, ainsi de suite pour les jours dont les nombres pairs contiennent le diviseur 6 par gradation jusqu'à 11 fois. Je vais démontrer la diligence de cette méthode par quelques applications.

Exemple.

10 Jours sur F. 6000, font F. 10, 20 jours font F. 20, etc., etc. Pour obtenir l'intérêt d'un capital dont les chiffres formeraient des nombres impairs, je suppose F. 3145, cette somme pour 6 jours ferait F. 3,14, pour 12 jours F. 6,28. Pour 18 jours, on multiplierait 314|5 par 3 (3 fois 6 font 18), on aurait F. 9,42. En multipliant aussi F. 314|5 par 4, pour 24 jours (4 fois 6 font 24), on aurait F. 12,56. En multipliant encore F. 314|5 par 11, pour 66 jours (6 fois 11 font 66), cela produirait F. 34,59. On peut prendre autrement :

pour 60 jours, 1 p. % sur la somme entière.	. F	31,45
et pour 6 » le 10ᵐᵉ..	. ...	3,14
66 jours à 6 p %⁰ font	.... F	34,59

Par cette méthode, on remarquera qu'au lieu de multiplier F. 3145 par 66 jours, et diviser par 6000, on n'a besoin que de faire une addition pour calculer l'escompte des 66 jours, et de retrancher le dernier chiffre.

3145
3145

34,59 Intérêt de 66 jours à 6 p. %

Je ferai remarquer que, pour les jours qui se trouvent entre ceux qui contiennent une ou plusieurs fois le diviseur, comme 7, 11, 13, 16, 17, 19, etc., etc., on pourra prendre pour 6 jours et ajouter le 6ᵐᵉ. de la somme pour 1 jour, ce qui produira l'intérêt de 7 jours. Pour 11 jours, on prendrait pour 12 jours (2 fois la somme, parce que dans 12 il y a 2 fois le diviseur 6), puis on déduirait le 6ᵐᵉ. pour 1 jour, ainsi de suite.

Exemple.

6 Jours sur F. 100	0 donnent à 6 p %. ... . F.	1
A ajouter pour 1 jour le 6ᵐᵉ de 100	0	16
	F. 1,16 d'intérêt pour 7 jours

12 Jours sur F. 100	0, produisent. .. . . . F	2
A déduire pour 1 jour le 6ᵐᵉ sur 100	0. ..... ~	16
	F 1,84 d'intérêt pour 11 jours.

A 5 $\frac{1}{2}$ P. $^0/_0$ L'AN.

Le diviseur à 5 $^1/_2$ p. $^0/_0$, est 6545 $\frac{5}{11}$. Le nombre de jours ne pouvant pas reproduire le capital au taux qui lui est assimilé, je vais démontrer la manière de calculer à ce même taux, pour quelle somme que ce soit, en prenant d'abord l'intérêt à 6 p. $^0/_0$, comme ci-dessus, et en déduisant le 12me. pour réduire l'escompte à 5 $^1/_2$: on pourra, à cet effet, se servir des jours et des sommes rapportés à l'article précédent.

Exemple.

12 Jours sur F 300|0 donnent à 6 p $^0/_0$ (2 fois 300 font 600)... F 6,00
Pour réduire à 5 $^1/_2$, il faut prendre le 12me de l'intérêt ..   50

                                                            F. 5,50

36 Jours sur F. 564, font à 6 p $^0/_0$ (6 fois la somme). ... F 3,38
A déduire le 12me   28

                        Intérêt à 5 $^1/_2$ .... F 3,10 -

A 5 P. $^0/_0$ L'AN.

A 5 p. $^0/_0$ le diviseur est 72. Par conséquent F. 7200 produisent autant de francs qu'il y a de jours, 10, 11, 12 jours, font 10, 11, 12 fr. Si la somme était différente, le calcul n'en serait pas plus difficile, en prenant l'intérêt soit par les jours, soit par la somme.

7200 fr donnent pour l'intérêt, autant de francs qu'il y a de jours.

pour 5400	on prendrait les $^3/_4$ des jours pour l'intérêt, en ajoutant 2 zéros
» 3600	d° la $^1/_2$ d° d°.
» 2400	d°. le $^1/_3$ d° d°
» 1800	d° le $^1/_4$ d°. d°
» 900	d° le $^1/_8$ d° d°

Par le nombre des jours détaillés ci-après, on pourra prendre tant pour cent sur la somme à calculer

Pr. 6 jrs. 12 18 24 27   36   45 48 54 63 72   81 jours, etc , on prendra sur la somme
le 12me le 6me $^1/_4$ $^1/_3$ $^3/_8$.$^1/_2$p l_5 $^5/_8$.$^2/_3$ $^3/_4$ $^7/_8$l p l_5 l p l_5 et $^1/_8$

Pour avoir l'intérêt de 18 jours sur F. 1800, à 5 p. $^0/_0$, il faut prendre le $^1/_4$ de la somme, et séparer par une virgule les deux derniers chiffres, qui seront des centimes. Le $^1/_4$ de F. 1800, est F. 4,50, on pourrait aussi prendre le $^1/_4$ sur les jours, en y ajoutant 2 zéros.

Pour calculer l'intérêt de 45 jours sur F. 1000, il faut prendre :

                        pour 4/8 la $^1/_2$
            qui est.   F. 5
et ajouter $^1/_8$ qui fait... .. .   1,25

                        F 6,25

Autrement, multiplier le produit du 8me. par 5 : 5 fois F. 1,25 font F. 6,25, c'est plus prompt. Aussi, pour calculer 63 jours sur F. 1000, prendrai-je :

pour 1/8 ... F. 1,25
en multipliant par   7   Cela produira F. 8,75 d'intérêt
_____
F   8,75

On peut prendre l'intérêt à 6 p. %, et déduire le 6me.

Exemple.

12 Jours sur F. 6000 font ..   ..   . F   12
A déduire le 6me   2
_____
L'intérêt de 12 jours, à 5 p %, est de   . F   10

En outre des jours qui donnent l'intérêt par la somme, en prenant tant pour cent, il faudra déduire le 6me. pour réduire l'escompte à 5 p. % ; on pourra se servir des sommes qui ont rapport au diviseur 6.

A $4\ ^1/_2$ P. % L'AN.

Le taux du diviseur à $4\ ^1/_2$ est 8000. Conséquemment F. 8000 donnent autant de francs qu'il y a de nombre de jours ; 5 jours, 10, 15, 25 jours, font F. 5, 10, 15, 25.

Si la somme se trouvait de F. 8000, on prendrait pour l'intérêt autant de francs qu'il y aurait de jours

Si la somme était de	7000	d°	7 8 p % sur les jours, en y ajoutant 2 zéros.	
d°	6000	d°	6/8 (3/4)	d°	. d°
d°.	5000	d°	5/8 p. %	d°.	d°
d°.	4000	d°.	1/2 »	d°	d°.
d°	3000	d°	3/8 »	d°.	d°
d°	2000	d°	1/4 »	; d°.	d°
d°.	1000	d°	1/8 »	d°	d°.

Les jours qui contiennent une ou plusieurs fois le diviseur 8, sont : 8 Jours, 16, 24, 32, 40, 48, 56, 64, 72, 80, 88, etc. Tous ces nombres représentent le diviseur, depuis 1 jusqu'à 11. Pour calculer l'intérêt, on doit d'abord rayer le dernier chiffre de la somme, et séparer, par une virgule, les francs des centimes.

Exemple, en prenant l'intérêt DE LA SOMME SUR LES JOURS.

(Ajoutez 2 zéros aux jours)

F   7000 pour 25 jours, font 7/8mes, le 8me de 25 jours, soit 25,00, est   F   3,12
à multiplier par le numérateur   7
_____
Intérêts de 25 jours, à $4\ ^1/_2$ F   21,84

Autre exemple , pour calculer l'interêt PAR LES JOURS SUR LA SOMME.

(Rayez le dernier chiffre de la somme).

F. 200|0 pour 40 jours : multipliez la somme par 5 (5 fois 8 font 40), vous aurez F. 10,00 pour l'escompte ; ou bien pour 40 jours la ¹/₂ de la somme ; sur F. 2000, c'est F. 10.

En prenant pour 6 p. ⁰/₀ et déduisant le ¹/₄, l'intérêt se trouve réduit à 4 ¹/₂.

Exemple.

18 Jours sur F 1000, à 6 p ⁰/₀, donnent F 3   (Multipliez 1000 par 3, parce
A déduire le ¹/₄   75   que 3 fois 6 font 18)

Intérêt à 4 ¹/₂ . . . . . F. **2,25**

A 4 P. ⁰/₀ L'AN.

Le chiffre du diviseur à 4 p. ⁰/₀, est 9000. En calculant sur pareille somme , l'intérêt donnera autant de francs qu'il y aura de nombre de jours, c'est-à-dire que 15, 25, 30 jours sur F. 9000, feraient F. 15, 25, 30 d'intérêts.

Si la somme était de F. 9000, on prendrait autant de francs qu'il y aurait de jours

d⁰.	6750	il faudrait prendre ³/₄ p ⁰/₀ sur les jours, en ajoutant 2 zéros.		
d⁰.	4500	d⁰.	¹/₂ »	d⁰	d⁰.
d⁰	3000	d⁰.	¹/₃ »	d⁰.	d⁰.
d⁰	2250	d⁰.	¹/₄ »	d⁰.	d⁰.
d⁰.	1125	d⁰.	¹/₈ᵐᵉ »	d⁰.	d⁰.

Pour les jours qui représentent une ou plusieurs fois le diviseur 9, il faut, pour calculer les intérêts, rayer le dernier chiffre de la somme , et séparer les deux autres par une virgule, pour distinguer les francs des centimes.

9 Jours, 18, 27, 36, 45, 54, 63, 72, 81, 90, 99 jours, etc., sont les nombres qui contiennent le diviseur 9, depuis 1 jusqu'à 11.

Exemple, pour prendre l'intérêt de la somme SUR LES JOURS.

F. 2250 pour 12 jours, font F. 3,00 d'escompte, en prenant le ¹/₄ de 12 jours (12ʲ,00, le ¹/₄ est F. 3,00).

Par les jours SUR LA SOMME.

F. 100|0 pour 27 jours, donnent F. 3 d'intérêt (3 fois 9 font 27). En multipliant 100 par 3, l'escompte est de F. 3,00

En prenant aussi pour 6 p. ⁰/₀, il faudrait déduire ¹/₃ pour avoir l'intérêt à 4 p. ⁰/₀.

Exemple.

15 Jours sur F. 1000, font à 6 p ⁰/₀ . . F 2,50
A déduire le ¹/₃ de l'escompte 83

Intérêt à 4 p ⁰/₀. . . . . F **1,67**

A 3 P. $^o/_o$ L'AN, $3 \, ^1/_2$, $2 \, ^1/_2$, $2 \, ^1/_4$, $3 \, ^3/_4$, $2 \, ^3/_4$ et $3 \, ^1/_4$ L'AN.

Le diviseur à 3 p. $^o/_o$ est 12. La somme de F. 12,000 produira donc autant de francs qu'il y aura de jours, 10, 15, 20 jours font à 3 p. $^o/_o$, F. 10, 15, 20.

Il est entendu que pour F 12,000, on aura autant de francs que de nombre de jours

Pour	9,000	on prendr, $^3/_4$ p $^o/_o$ sur les jours, en y ajoutant 2 zéros
»	7,500	d° 7/8 » d°. d°
»	6,000	d° $^1/_2$ » d° d°
»	4,500	d° $^3/_8$ » d° d°.
»	3,000	d°. $^1/_4$ » d°. d°.
»	1,500	d° $^1/_8$ » d° d°

12 Jours, 24, 36, 48, 60, 72, 84, 96, 108, 120, 132 jours, etc., sont les nombres qui renferment le diviseur 12, depuis 1 jusqu'à 11.

Après avoir rayé le dernier chiffre de la somme, il suffira, pour avoir l'intérêt d'une somme quelconque, de la multiplier par les chiffres qui composent une ou plusieurs fois ceux du diviseur 12.

Exemple pour les sommes qui donnent tant pour cent à prendre
SUR LES JOURS.

F 3,000 pour 25 jours, font à 3 p $^o/_o$ l'an.... .. F 6,25
Après avoir ajouté 2 zéros aux jours, on prend le $^1/_4$ 25,00
            F.   6,25 pour $^1/_4$

Exemple pour calculer l'intérêt PAR LES JOURS SUR LA SOMME.

36 Jours sur F. 300|0 font F. 9 (12 étant contenu 3 fois dans 36), il faut donc multiplier 300 par 3, ce qui donne bien. F. 9,00.

A $3 \, ^1/_2$ P. $^o/_o$.

Il faut prendre d'abord l'intérêt à 3 p. $^o/_o$, puis ajouter le 6me. de l'intérêt.

Les F. 3000 ci-dessus, produisent pour |25 jours, à |3 p $^o/_o$.   F   6,25
A ajouterr le 6me   1,04
       Intérêt à 3 $^1/_2$ p. $^o/_o$ ....   F   7,29

A $2 \, ^1/_2$ P. $^o/_o$.

Il faut prendre aussi l'intérêt à 3 p. $^o/_o$, et déduire le 6me. de l'intérêt.

L'intérêt de 25 jours sur F 3000 (ci-dessus), produit à 3 p $^o/_o$. F   6,25
A déduire le 6me.   1,04
      Intérêt à 2 $^1/_2$ p $^o/_o$. ...... F.   5,21

Ce calcul est l'inverse de celui à 3 $^1/_2$ p. $^o/_o$: on voit qu'au lieu d'ajouter le 6me., il faut le déduire.

POUR 2 $\frac{1}{4}$ ET 3 $\frac{3}{4}$ P. $^o/_o$.

On prend aussi l'intérêt pour 3 p. $^o/_o$, et on déduit ou on ajoute 1 fois et $^1/_2$ le 6me.

Exemple.

25 Jours sur F. 3000, donnent à 3 p $^o/_o$.   F 6,25

A déduire { le 6me. de F 6,25, est . .   1,04

{ la $^1/_2$ de ce 6me.   52

——   1,56

Intérêt à 2 $^1/_4$ p $^o/_o$.   . F. 4,69

F. 3000, Pour 25 jours, donnent à 3 p $^o/_o$ .... F. 6,25

A ajouter { le 6me. de F 6,25, est. 1,04

{ la moitié du 6me 52

——   1,56

Intérêt à 3 $^3/_4$ p $^o/_o$ F 7,81

POUR 2 $\frac{3}{4}$ ET 3 $\frac{1}{4}$ P. $^o/_o$.

En prenant l'intérêt à 3 p. $^o/_o$, on déduit ou on ajoute le 12me. de l'escompte.

Exemple.

F 3000 pour 25 jours, produisent à 3 p $^o/_o$ (le $^1/_4$ des jours) F. 6,25

A déduire le 12me de l'escompte.   .   .   . 52

Intérêt a 2 $^3/_4$ p $^o/_o$ |F. 5,73

A. 3 $\frac{1}{4}$ P. $^o/_o$.

Exemple.

F 3000 pour 25 jours, donnent à 3 p. $^o/_o$.   .   ... F. 6,25

A ajouter le 12me 52

Intérêt à 3 $^1/_4$ p. $^o/_o$ .... ..   F 6,77

On a dû remarquer, en lisant ce troisième article, que les intérêts sont très-souvent indiqués, tant par le nombre de jours que par les sommes, et qu'il est facile de calculer promptement les intérêts sans le secours des règles ordinaires. J'aime à croire qu'il se rencontrera des personnes qui trouveront, à l'aide de leurs connaissances et de leurs recherches, les moyens de perfectionner cette méthode : il me sera agréable d'avoir pu exciter leur émulation.

TABLE
DES MATIÈRES.

FIN.

www.ingramcontent.com/pod-product-compliance
Lightning Source LLC
Chambersburg PA
CBHW050527210326
41520CB00012B/2476